DUMONT
DIREKT

San Sebastián (Donostia)

mit Bilbao

Julia Reichert

Inhalt

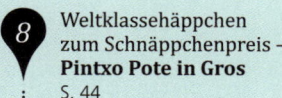

Das Beste zu Beginn

Eine Stadt, drei Strände
Ondarreta, La Concha und La Zurriola – so heißen die drei Strände der Stadt. Was Sie erwartet? Feinster, sauberer Sand zwischen Ihren Zehen, seichte Wellen, klares Wasser, Entspannung und eine Horde Surfer. La Concha (► S. 57) zählt sogar zu einem der schönsten Strände der Welt.

Eine Stadt, die niemals schläft
Vergessen Sie New York. Die Stadt, die niemals stillsteht, heißt San Sebastián. 2016 erhielt sie den Titel Kulturhauptstadt Europas. Zu Recht, denn hier ist immer etwas los. Im Sommer jagt ein Musikfestival das nächste. Dazu Ausstellungen, Feuerwerksspektakel, Weinverkostungen – die Liste der Events ist lang.

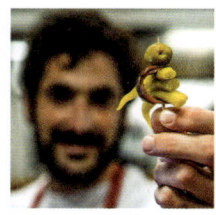

Lokale Leibspeise
Der Pintxo ist der baskische Bruder der spanischen Tapa. Fisch, Fleisch, Käse, Ei, Champignons und Gemüse werden kunstvoll auf kleinen Weißbrotscheiben drapiert, mit einem Spieß (= *pintxo*) zusammengehalten und noch im Stehen an der Bar verspeist (► S. 82). Nirgendwo schmecken die hübschen Häppchen so gut wie in der Altstadt.

Gourmet-Weltstadt
Obwohl San Sebastián mit knapp 190 000 Einwohnern zu den kleineren Großstädten gehört, ist sie dennoch eine Weltstadt: Neben dem japanischen Kyoto ist sie die Stadt mit der höchsten Dichte an Sterne-Restaurants weltweit. Davon können Tokio und Paris nur träumen. Die hohe Kochkunst wurde bisher mit 17 Michelin-Sternen gewürdigt.

Baskisch – ein Mysterium
Im Baskenland ist Baskisch neben Spanisch Amtssprache. Es ist eine der ältesten Sprachen Europas, wenn nicht sogar die älteste, und mit keiner anderen bekannten Sprache genetisch verwandt. Straßenschilder, Menükarten, Schulunterricht – alles ist zweisprachig.

Das Dorf in der Stadt

Das Besondere an San Sebastián ist seine dörfliche Atmosphäre. Die Stadtviertel sind klein, die Speisen lokal, die Leute auf dem Boden geblieben, die Häuschen urig-altmodisch. Man grüßt sich beim Flanieren und man duzt sich beim Übernachten im Hostel oder in der Herberge. Die Donostiarra sind weltoffen und heißen Gäste von überallher willkommen.

Der Wettergott meint es gut

Den Sommer im heißen Spanien verbringen – Sie halten das für keine gute Idee? Während Andalusien und die Ostküste eine Hitzewelle nach der anderen erleben, bleibt es in San Sebastián an vielen Sommertagen bei nur 24 °C. Schwül ist es selten, über 30 °C klettert das Thermometer nur manchmal. Dafür regnet es öfter und im Winter fällt auch mal ein bisschen Schnee.

Ihr erkennt sie an der Muschel

Besonders in den Sommermonaten entdeckt man sie überall: Die Sandalen tragenden ambitionierten Rucksacktouristen, denen die Erschöpfung ins Gesicht geschrieben steht. Sie pilgern von der französischen Grenze auf dem Camino del Norte knapp 800 km nach Santiago de Compostela. Ihr Weg führt sie auch durch San Sebastián.

Die Baskenmütze ...

... ist ein Erkennungsmerkmal der Basken. Vielseitig in Form und Farbe lässt sie manchmal sogar auf den Charakter ihres Trägers schließen. Ursprünglich wurde sie nur in Frankreich getragen, durch den Karlistenkrieg im 19. Jh. aber auch im spanischen Baskenland populär. Heute ist sie in jedem Souvenirshop (▶ S. 93) käuflich zu erwerben.

Eines Morgens wachte ich mit der verrückten Idee auf, meinen Job in Deutschland zu kündigen und nach Spanien zu fahren. Gedacht, getan. Ich strandete in San Sebastián, meinem jetzigen Zuhause.

Fragen? Erfahrungen? Ideen?

Ich freue mich auf Post.

@ *Mein Postfach bei DuMont:*
j.reichert@dumontreise.de

Das ist San Sebastián

San Sebastián ist nicht einfach nur eine Stadt. Es ist ein Lebensgefühl, ein Vergnügungspark für die Seele, ein Mini-Paris. Und doch haben nicht viele je von ihr gehört, von der Stadt mit dem Charme eines maritimen Dorfs, wo jeder jeden kennt. Auf dem Weg von Zuhause zum nächsten Supermarkt begegnen mir mindestens drei Menschen, die ich kenne. Eine habe ich beim letzten Pintxo-Abend getroffen, mit dem anderen habe ich mich im Café unterhalten und die dritte kenne ich aus der Yogastunde am Strand. Die Art und Weise, wie die Donostiarra, die Einwohner San Sebastiáns, miteinander umgehen, ist herzlich, ehrlich und direkt. San Sebastián bedeutet, den Tag mitten im Geschehen zu verbringen: im Café, am Strand, im Park, auf einem der Hausberge. Und sich vom heiteren Altstadtleben aufsaugen zu lassen. Am Abend trifft man sich dann in einer der tausend Pintxo-Bars zum Plaudern, Fußballgucken, Bierchen trinken. Ein Versprechen kann ich ohne Weiteres geben: Hier wird es nicht langweilig. Niemals.

Ohne Hautproblem kein San Sebastián

Wie aber kam es dazu, dass San Sebastián mit seinen heute knapp 190 000 Einwohnern einer der beliebtesten und wohlhabendsten Orte Spaniens wurde? Die Stadt, die ihren Namen einem Kloster verdankt, wurde 1180 vom König von Navarra gegründet. Im 19. Jh. kam Isabella II. als Erste auf die Idee, ihren Sommerurlaub in der Stadt am Golf von Biskaya zu verbringen. Ihr Dermatologe hatte der spanischen Königin geraten, ihre kränkliche Haut im Meerwasser zu baden. Angeregt von der königlichen Empfehlung, verbrachten ab 1845 immer mehr Adlige und Prominente ihren Sommerurlaub in der kleinen Küstenstadt. Auch der spanische Diktator Francesco Franco verbrachte ab 1940 viele Sommermonate im Aiete-Palast. Um noch mehr wohlhabende Gäste anzulocken, ließ man ein prunkvolles Casino (das heutige Rathaus) und ein Theater errichten. Außerdem fanden ab 1953 die Filmfestspiele statt, um die Sommerfestivitäten in die Länge zu ziehen. Ein Plan, der aufging.

Feinschmeckerparadies, Festivalmetropole, Filmstadt

Wen wundert's? San Sebastián liegt direkt am Meer und besitzt nicht nur einen, sondern gleich drei wunderschöne Strände und in der geschützten Bucht eine kleine Insel namens Santa Clara dazu. Passend zu den drei Stränden gibt es drei Hausberge, die wie starke Wächter auf die Stadt herabschauen. Rund um San Sebastián führen Wanderrouten durch malerische Küstenlandschaften und verträumte baskische Dörfer. Zur Stärkung gibt es, eine kulinarische Besonderheit der Region, die Pintxos, wie die baskischen Snacks genannt werden. Und egal, ob in einer Pintxo-Bar in der Altstadt oder in einem der vielen Restaurants mit Michelin-Stern: Geschmacksexplosionen sind garantiert. Um ihrem Titel als europäische Kulturhauptstadt gerecht zu werden, den sie 2016 erhielt, jagt in San Sebastián insbesondere in den Sommermonaten ein Event das nächste: Weinverkostungen und Lagerfeuer am Strand, Märkte und Filmfestspiele, Jazzfestivals und vieles mehr.

San Sebastián ist nicht einfach nur eine Stadt, nein, es ist ein Lebensgefühl!

Es gibt eine Zeit nach der ETA

Nicht allen, die an San Sebastián denken, fällt sofort Sommer, Sonne, Sonnenschein ein … Vielen kommen zuerst die Franco-Zeit und die Euskadi Ta Askatasuna, kurz ETA, in den Kopf. Die Euskadi Ta Askatasuna, zu Deutsch ›Baskenland und Freiheit‹, wurde 1959 als Widerstandsbewegung gegen die Franco-Diktatur gegründet. Später kämpfte die Untergrundorganisation für die Freiheit und Unabhängigkeit des Baskenlandes von Spanien. San Sebastián befand sich im Zentrum des blutigen Kampfes, der mehr als 800 Tote forderte. 2011 legte die ETA die Waffen nieder. Doch die Donostiarra, die Jahrzehnte des Leidens hinter sich haben, befinden sich noch immer auf dem Weg der Rehabilitation.

Doppeldeutigkeit

Die Stadt führt ein Doppelleben. So lautet ihr Name vollständig: Donostia – San Sebastián. Sowohl Baskisch als auch Spanisch sind Amtssprache, weshalb jedes Straßenschild, jedes Banner zweisprachig ist. Die baskische Sprache (Euskara) ist wichtig für die baskische Identität, besonders da sie unter Franco streng verboten war. Aber auch die Siesta am Mittag, säuerlicher Cidre, die Baskenmütze und Fiestas bis in die frühen Morgenstunden gehören zur baskischen Kultur – Stierkämpfe seit 2012 jedoch nicht mehr.

Alles in einem

San Sebastián ist ein Dorf. Und eine Weltstadt. San Sebastián ist hochklassige Gastronomie und Eckkneipe. Es ist Meerwasser und Berggipfel. Es ist Bescheidenheit und Stolz, Anmut und Gemütlichkeit. Einheimischer oder Tourist, Spanier oder Baske – jeder ist gleich, jeder ist einzigartig.

San Sebastián in Zahlen

2

Sprachen werden in San Sebastián gesprochen: Baskisch und Spanisch.

2,50

Euro kosten ein Pintxo und ein Bier am Donnerstagabend.

3

bezaubernde Strände hat San Sebastián: Ondarreta, La Zurriola und La Concha.

17

Michelin-Sterne tragen die Restaurants in San Sebastián und Umgebung – damit besitzt die Stadt gemeinsam mit Kyoto die höchste Sternedichte weltweit.

24

Stunden dauert die ohrenbetäubende Parade der Tamborrada am 20. Januar.

24

Grad Celsius ist die durchschnittliche Höchsttemperatur im August – das ist nichts im Vergleich zum übrigen Spanien.

6

Kilometer ist die Strandpromenade lang, die den östlichsten und den westlichsten Teil der Stadt miteinander verbindet.

7

Dialekte besitzt die baskische Sprache.

70

Prozent der Landoberfläche (inkl. der Hausberge und der Sidra-Felder) bestehen aus Wald.

147

Balkone zieren die Plaza de la Constitución.

198

Menschen erreichten im Jahr 2017 das Alter von 100 Jahren.

800

Menschen fielen den Anschlägen der ETA zum Opfer. Die Wunden sind noch längst nicht verheilt.

243

Meter über dem Meeresspiegel, auf dem Monte Ulia, liegt der höchste Punkt der Stadt.

2016

Jahre nach Christi Geburt wurde San Sebastián Kulturhauptstadt Europas.

700 300
Menschen in ganz Spanien sprechen Baskisch.

13 597

deutsche Touristen kamen 2017 nach San Sebastián – u. a. um die einzigartige Gastronomie kennenzulernen.

355

Stunden dauert der Fußmarsch von Berlin nach San Sebastián – theoretisch ...

32 000

Zuschauer passen in das städtische Fußballstadion Anoeta. Es ist Spielstätte des Erstligisten Real Sociedad San Sebastián.

Was ist wo?

San Sebastián besteht aus neun Stadtteilen, die manchmal gar nicht so leicht zuzuordnen sind. Denn das Zentrum ist nicht mit der Altstadt gleichzusetzen und die Altstadt ist nicht der älteste Teil der Stadt …

Parte Vieja

Bei Tag und bei Nacht tummeln sich Touristen und Einheimische in den engen Gassen der Altstadt, der Parte Vieja (📖 F 2), die an Hafen und Monte Urgull angrenzt. Die Hauptmeilen sind neben dem geschäftigen **Boulevard** die **Calle Mayor,** die auf die Basílica Santa María zuläuft, und die **Calle Fermín Calbetón** mit ihren vielen Lokalen und Pintxo-Bars. Die **Plaza de la Constitución** bildet das offene Herz der Altstadt und auch im Gewirr über dem unterirdischen Mercado de la Bretxa verirrt sich nachts noch der eine oder andere Nachtschwärmer. Die **Calle de 31 de Agosto** ist die älteste Straße der Altstadt. Hier stehen die wenigen Gebäude, die den großen Stadtbrand im 19. Jh. überlebten, darunter das Museo San Telmo (▶ S. 26). Abgesehen davon stoßen Sie hier auf ein paar der besten Pintxo-Bars und bei La Viña (Hausnr. 3) auf den leckersten Käsekuchen der Stadt.

Zentrum und Área Romántica

Der **Boulevard Alameda,** eine breite Fußgängerzone mit Geschäften und Restaurants, trennt die Altstadt vom Zentrum mit seinen symmetrisch angelegten Straßen. Willkommen im Shoppingparadies! Rund um den Garten der romantischen **Plaza Gipuzkoa** (📖 G 3) reiht sich ein Geschäft ans nächste, dazwischen liegen Cafés und Bars. Folgen Sie der Fußgängerzone, stoßen Sie auf ein großes graues Gebäude, den Mercado San Martín (📖 G 4, ▶ S. 53). Am frühen Donnerstagabend verwandelt sich dieser Supermarkt in eine Partyhalle. Ein paar hundert Meter weiter, am Flussufer, liegt die **Plaza Bilbao** (📖 G 4) mit ihrem hübschen grünen Springbrunnen. Weiter

nach Süden gelangen Sie zum Bahnhof Amara und zur **Plaza Easo** (📖 G 5). Hier ist Endstation für alle, die mit dem Zug anreisen. Und von überall aus gut zu erkennen: die Kathedrale Buen Pastor im Herzen des französisch angehauchten romantischen Bezirks mit seinen Belle-Époque-Bauten.

Strandpromenade

Laufen Sie am Meer an der Stadt entlang: Vom östlichsten Ende am **Zurriola-Strand** (📖 J 1) bis zum westlichsten Punkt am **Peine del Viento** (📖 B 3) unterhalb des Monte Igueldo sind es genau 6 km. Vorbei an Sagüés-Viertel und Kursaal, an Monte Urgull und Hafen, der verträumten La-Concha-Bucht, an Miramar-Palast und Ondarreta-Strand – es wartet eine Stadterkundung der besonderen Art mit Meerblick auf Sie.

Igueldo

Der steile Weg hinauf auf die Spitze des **Monte Igueldo** (📖 A 3) ist gesäumt von schicken Villen und romantischen Gärten. Wer hier wohnt, weiß die Ruhe des Berges und die Entfernung zum Stadtkern zu schätzen. Nur ganz oben wird es wieder geschäftiger, denn auf der Spitze liegen nicht nur Spielbuden und Fahrgeschäfte, sondern auch mehrere Hotels und Restaurants. Hinauf bringt Sie ganz entspannt eine nostalgische Holzbahn (▶ S. 64).

Antiguo

Sprach man noch vor einigen Jahrzehnten von San Sebastián, war allein Antiguo (📖 B 5; ▶ S. 60) gemeint. Heute muss sich das älteste Viertel der Stadt gegen das Zentrum und die Altstadt (Parte Vieja) behaupten. Die staatliche **Universität UPV** und das **Musikene,** die Hochschule für Musik, das Priesterseminar und der **Palacio de Miramar** sind attraktive Orte für Besucher. Im Zentrum Antiguos werden vor allem regionale Produkte und Hausmannskost angeboten. Der **Ondarreta-Strand** (▶ S. 62) und der Park an der Promenade gehören ebenfalls zu diesem interessanten Teil der Stadt.

Gros

In dem stetig wachsenden Viertel direkt am **Zurriola-Strand** (🗺 H/J 2; ▶ S. 38) sind insbesondere Studenten, Alternative und junge Familien zu Hause. Die **Calle Zabaleta** (▶ S. 16) verwandelt sich jeden Donnerstagabend in eine beliebte Partymeile. In der Straße findet man auch das Pilgerbüro. In den kleinen Nebenstraßen geht es ebenso bunt wie in der Zabaleta zu. Das junge Viertel ist mit unterschiedlichsten Geschäften und Restaurants, Boutiquen und Sportmöglichkeiten, Cafés und Tanzlokalen gepflastert. Die **Calle Peña y Goñi** und die **Plaza de Cataluña** eignen sich hervorragend für einen Drink am Abend.

Amara und Egia

Amara (🗺 G/H 6–8) ist eines der etwas günstigeren Arbeiterviertel. Es beginnt direkt hinter der **Plaza Easo** und kann sich in puncto Geschäften, Cafés, Hotels, Wohn- und Bürogebäuden durchaus mit dem Zentrum messen. Am Ende des Viertels liegt das große **Fußballstadion Anoeta.** Egia (🗺 J 4) beginnt mit einem steilen Anstieg hinter dem Busbahnhof. Hier liegen der schöne Stadtpark **Cristina Enea** und die alte **Tabakfabrik** (▶ S. 47), die der Stadt heute als Kulturzentrum zur Verfügung steht. In diesem Viertel finden häufig traditionelle baskische Feste und Konzerte statt. Außerdem gibt es hier ein paar alternative, vegane und vegetarische Restaurants.

Aiete

Aiete (🗺 E 7/8) ist ein reines Wohnviertel, das sich noch zentral, aber erhöht über der Stadt befindet. Nehmen Sie ab der Kathedrale Buen Pastor die **Calle Aldapeta,** gelangen Sie nach ca. fünf Minuten mit Auto oder Bus zum **Palacio de Aiete** und zu seinem wunderschönen Park (▶ S. 76).

Augenblicke

Kurioser Wettbewerb

Tausende Augenpaare fixieren gebannt den Himmel. Es ist Semana Grande, die große Festwoche in San Sebastián. Nachts, um 22.45 Uhr, versammeln sich die Stadtbewohner am Strand von La Concha und am Hafen, um sich das tägliche Feuerwerksspektakel anzusehen. Acht Länder konkurrieren jedes Jahr im August um die weltbeste Feuerwerkskomposition.

Stiller Trommelwirbel

Wenn den Basken eines wichtig ist, dann sind es ihre gelieb-
ten Traditionen. Schon Wochen zuvor proben sie lautstark für
das jährliche Trommelfest, die Tamborrada, den wichtigsten
Feiertag im Kalender der Stadt. Nur einer musiziert das ganze Jahr still vor sich hin: Der Trommler auf der Plaza Sarriegui
im Herzen von San Sebastián. An manchen Tagen allerdings
leistet ihm ein Straßenmusiker Gesellschaft.

Geselligkeit für jedermann

Pintxo Pote wurde ins Leben gerufen, damit sich auch die ärmere Bevölkerung das abendliche Ausgehen leisten konnte. Die Tradition wurde beibehalten und noch heute treffen sich die Bewohner der Stadt jeden Donnerstagabend auf ein nettes Pläuschchen bei preiswerten Häppchen und Bier oder Wein. Die Calle de Zabaleta im Stadtteil Gros ist die belebteste Pintxos-Meile – eine Bar liegt neben der anderen und sie ist voller Menschen und Leben.

Ihr San-Sebastián-Kompass

#2
Vom Terrorismus zum Tourismus –
die Relikte der ETA

#3
Alte Kanonen und bombige Aussichten –
Monte Urgull

VORWÄRTS ZUR FREHEIT

Jesus zum Greifen nah

#1
Da steppt der Baske –
La Parte Vieja

BASKISCH
vs.
SPANISCH

WOMIT FANGE ICH AN?

1 2 3

Von der Pest-Insel zum Paradies

15 14 13 12

#15
Insel des Grauens? –
Isla de Santa Clara

ACTION, ADRENALIN UND AUSSICHT

Ein gigantisches Klavier

#14
Achterbahn und französischer Charme
– **Monte Igueldo**

BÜCHER-WÜRMER IM SAND ...

#13
Forschen im antiken San Sebastián –
das Antiguo-Viertel

#12
Die Diva unter den Stränden – **La Playa de la Concha**

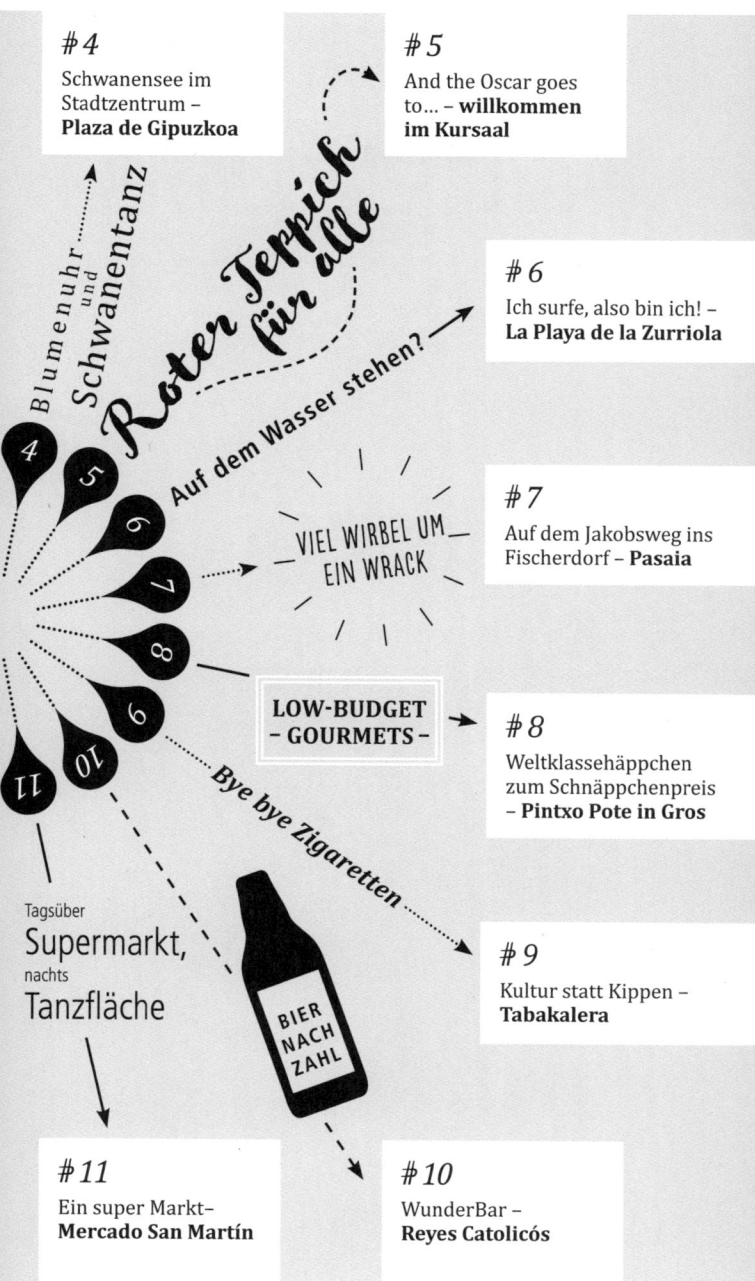

#4

Schwanensee im
Stadtzentrum –
Plaza de Gipuzkoa

#5

And the Oscar goes
to... – **willkommen
im Kursaal**

Blumenuhr und Schwanentanz

Roter Teppich für alle

Auf dem Wasser stehen?

#6

Ich surfe, also bin ich! –
La Playa de la Zurriola

VIEL WIRBEL UM
EIN WRACK

#7

Auf dem Jakobsweg ins
Fischerdorf – **Pasaia**

LOW-BUDGET
– GOURMETS –

#8

Weltklassehäppchen
zum Schnäppchenpreis
– **Pintxo Pote in Gros**

Bye bye Zigaretten

#9

Kultur statt Kippen –
Tabakalera

Tagsüber
Supermarkt,
nachts
Tanzfläche

BIER
NACH
ZAHL

#11

Ein super Markt–
Mercado San Martín

#10

WunderBar –
Reyes Catolicós

 # 1

Da steppt der Baske –
La Parte Vieja

**Eine Pintxo-Bar reiht sich an die nächste. Fein-
kostläden mit baskischen Spezialitäten liegen
im Schatten uralter Kirchenmauern, Buchläden
und alternative Cafés gruppieren sich um den
etwas fehl am Platz wirkenden deutschen Lidl.
Die Altstadt von San Sebastián hat so viel zu
bieten und steht deshalb niemals still.**

Die Altstadt, La Parte Vieja, ist allerdings nicht zu
verwechseln mit Antiguo, dem tatsächlich ältesten
Stadtteil. Sie gilt als das vitalste Viertel der Stadt.
Denn hier ist immer was los, morgens wie abends,
im Sommer wie im Winter. Die traditionellen Bäckereien und Buchläden sind langsam aber sicher
Souvenirläden und modernen Bars gewichen.
Man spürt hier besonders stark, dass der Tourismus boomt und lokale Geschäfte neuen Marken
und größeren Ketten weichen mussten. Das spa-
nisch-baskische Flair ist in den engen Gassen aber
noch immer gegenwärtig und hier und da findet

*In der Altstadt ist immer
was los. Hier wird San
Sebastián seinem Ruf,
die Stadt zu sein, die
niemals schläft, bis spät
in die Nacht gerecht.*

man wahre Schätze. Gehen Sie auf die Suche nach kleinen Designerläden, Schokoladenmanufakturen, Wein- und Obsthändlern, Galerien und natürlich – Pintxo-Bars.

Pintxos, ein Lebensgefühl

Nirgendwo in der Stadt gibt es so viele Pintxo-Bars auf engstem Raum wie in der Altstadt. Ein Paradies also für Gourmets und solche, die es werden wollen. Vom einfachsten Pintxo, der Tortilla auf einem Stück Weißbrot, bis hin zu aufwendigen mehrstöckigen Kreationen – wo eine Idee ist, ist auch eine passende Mikroleckerei. Ebenso verhält es sich mit dem Ambiente, das von ruraler Einfachheit bis hin zur extravaganten Einrichtung reicht wie im **A Fuego Negro** ❶ mit seinen fantasievollen Stofffiguren an den Wänden. Die Calle Fermín Calbetón ist eine gute Adresse für den Anfang, ebenso wie ihre Parallelstraße, die Calle Pescaderia.

Wo ist der heilige Sebastian?

Am Ende der Calle Mayor, der ›Hauptstraße‹ der Parte Vieja, wartet eine der schönsten Kirchen der Stadt, die **Basílica Santa María** ❶ von 1764. Auf ihrer Fassade lässt sich eine mit Pfeilen durchbohrte Figur erahnen. Sie stellt den Patron der Stadt dar, den Märtyrer Sebastian. Lässt man den Blick die Calle Mayor abwärts schweifen, führt dieser linear zur Kathedrale Buen Pastor (▶ S. 51) im Zentrum. Die beiden Kirchen liegen zwar 1 km auseinander, da aber kein weiteres Gebäude im Weg steht, kann man von Eingangspforte zu Eingangspforte blicken. Die Basilika lädt übrigens häufig zu kostenlosen Orgelkonzerten mit Filmvorführungen ein. Beachten Sie dazu die Aushänge am Eingang.

Auf dem Treppchen

An lauen Sommernächten treibt es die Leute raus aus Bars und Restaurants, hinaus auf die Straßen der Altstadt. In vielen Bars ist es erlaubt, sein Getränk mit auf die Straße zu nehmen, denn die Fiesta spielt sich draußen ab. Da die Terrassen der Restaurants schnell gefüllt sind und nicht jeder stehen möchte, verlagert sich die Zusammenkunft auf die Treppenstufen vor der Basílica Santa María. Jeden Abend ab 19 Uhr füllen sie sich, die Stimmung ist heiter und jeder plaudert mit jedem. Ist das Glas leer, wird im angrenzenden **Restaurant Atari** ❷ ein-

ÜBRIGENS

Ein Pintxo ist ein typisch baskischer Snack. Er wird meist mit oder auf einer Scheibe Weißbrot serviert. Die köstlichen Appetitmacher sind die Verwandten der bekannten spanischen Tapas. Und mindestens genauso lecker!

Auch seine Position hoch oben über dem Kirchenportal hat den Heiligen Sebastian nicht vor Pfeilen geschützt ...

#1 La Parte Vieja

Alt trifft an der Basílica Santa María auf Neu: »The Harmony of Sound« ist eine Arbeit des irischen Künstlers Maximilian Pelzmann. Seine Mutter Lola ist eine Donostiarra und wurde in der Basilika getauft. »Das Werk ist auch ein Tribut an meine Herkunft.«

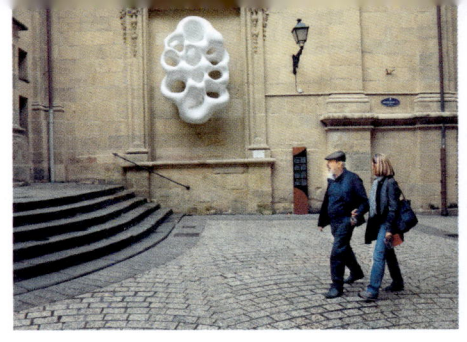

fach Nachschub geholt. Auch die Stufen am Hafen in Richtung Monte Urgull füllen sich in den Abendstunden. Nicht fremdeln, einfach dazusetzen und den Abend genießen.

Bärliner Kunst undercover

Zwei schwarze Bären sind das Emblem der Galerie, die Direktorin Rita Unzurrunzaga Schmitz wohl aus ihrer Zeit in Berlin mitbrachte. Falsch gedacht! Tatsächlich wurden zwei Bären vor mehr als 15 000 Jahren schemenhaft an die Höhlenwand von **Ekain** 2 in der Nachbarstadt Deba geritzt und sind seitdem das Symbol der gleichnamigen Galerie. Die Kunstsammlung, die sich im Untergeschoss des unscheinbaren Hauses befindet,

Die beiden Figuren an der Fassade der Gastroteca Atari im Schatten der Basílika angeln ein Herz. Drinnen gibt's mit die besten Pintxos von San Sebastián – garantiert mit Liebe zubereitet!

→ **UM DIE ECKE**

Das Äquivalent zum deutschen Stammtisch, nur viel populärer, ist die baskische ›Sociedad‹ – eine Einrichtung für Männer, die unter sich bleiben und kochen wollten. Allein in San Sebastián gibt es noch heute 120 dieser Männerbünde, die von außen leicht mit einer Wirtschaft verwechselt werden können. Die Mitglieder treffen sich mehrmals in der Woche zum gemeinsamen Kochen, Essen, Trinken und Plaudern. Etliche Gastronomische Gesellschaften sind zwischenzeitlich auch (oder zeitweise) für Frauen zugänglich, in den traditionellen haben sie nach wie vor nichts zu suchen. In der Calle Aingeru 10 stoßen Sie auf die **Sociedad Itzalpe** 3 aus dem Jahr 1931. Ein paar Meter weiter liegen gleich drei dieser Kochgesellschaften nebeneinander. Biegen Sie nach rechts in die Calle del Campanario ab. Sie stehen nun direkt vor dem Restaurant **Kokotxa** 3, dem einzigen Restaurant mit einem Michelin-Stern in der Altstadt San Sebastiáns.

besteht aus Gemälden und Fotografien lokaler Künstler. Alle sechs Wochen ändert sich die Ausstellung. Die Gemälde stehen zum Verkauf und sind originelle Mitbringsel.

Partymeile

Wenn dich das Leben ruft, dann sag nicht Nein. Hier herrscht Stimmung bis in die frühen Morgenstunden, spanische Musik erklingt, Weingläser klirren. Die **Calle Fermín Calbetón** ist bekannt für ihr nächtliches Geschehen, für ihre zahlreichen Bars und Diskotheken. Haben Sie es lieber ein klein wenig lauschiger, dann machen Sie einen Abstecher in die Parallelstraße Calle Esterlines. An einem winzigen Platz liegen die Tanzbar **Burunda** und die rockige Bar **Iguana** ❷.

ÜBRIGENS

Die Bewohner San Sebastiáns nennen sich Donostiarra. Der Begriff leitet sich vom Doppelnamen der Stadt ab: Donostia – San Sebastián.

INFOS/ÖFFNUNGSZEITEN

Basílica Santa María ❶: Calle de 31 de Agosto, 46, 3 €, tgl. 10.30–13, 16–19.30 Uhr, bei Messen und Konzerten Eintritt frei
Galeria Ekain ❷: Calle Iñigo, 4, T 943 42 17 29, www.ekainartelanak.com, Di–Fr 11.30–13.30, 17–20 Uhr, Sa nur früh

(z. B. Avocado) und Toppings wie Kartoffelchipsraspeln. Der leckere Snack für zwischendurch kann nach einer durchzechten Nacht lebensrettend sein. Die Köstlichkeiten gibt es auch als vegetarische und vegane Variante.

FÜR LEIB UND SEELE

A Fuego Negro ❶: Calle de 31 de Agosto, 31, T 650 13 53 73, www.afue gonegro.com, Di–So 11.30–24 Uhr, Pintxos ab 4 €, Tasting Menu 40 €
Atari ❷: Calle Mayor, 18, T 943 44 07 92, Sa–Do 12–2, Fr 12–3 Uhr, Pintxos ab 2,50 €. Super Kroketten und Oktopus, um nur ein paar der Leckereien zu nennen.
Kokotxa ❸: Calle del Campanario, 11, T 943 42 19 04, www.restaurant ekokotxa.com, Di–Sa 13.30–15, 20.30–22.30 Uhr, Menü ab 85 €, reservieren! Zeitgemäße traditionelle Küche.
Hotdog mal ganz anders: Seit 2018 gibt es den **Donostidog** ❹ (Plaza Sarriegui, 10, Mo, Di, Do 13–16, 18–23, Fr, Sa 13–23.30, So 13–22.30 Uhr, im Aug. 13–ca.1 Uhr, ab 3,80 €), einen Hotdog mit verschiedenen Füllungen

IT'S BARTIME!

Café Burunda : Calle Esterlines, 15, T 943 42 46 04, tgl. 7–4 Uhr
Iguana ❷: Calle Esterlines, 5, T 943 42 60 05, tgl. 17/18–2/3 Uhr

2

Vom Terrorismus zum Tourismus – **die Relikte der ETA**

Friede, Freude, Feiertage. Trügt der Schein? In manchen Straßen der Altstadt hängt eine merkwürdige Stimmung in der Luft. In keiner anderen Stadt war die ETA so aktiv wie in San Sebastián. Noch heute erinnern Graffiti und Plakate an die baskische Untergrundorganisation und finden Demonstrationen von Befürwortern der ETA statt, wenn auch nur vereinzelt. Eine Spurensuche, auch zu anderen blutigen Ereignissen der Stadtgeschichte.

Ein Relikt vergangener Zeiten? Das Plakat in einer Bar in der Altstadt erinnert an die Forderung der ETA, ein von Spanien unabhängiges Baskenland zu schaffen.

Zwischen 1940 und 1975, den Regierungsjahren von Diktator Francesco Franco, war es den Basken strikt untersagt, ihre Muttersprache zu sprechen. Nur Spanisch war erlaubt. Der Franquismus war streng zentralistisch ausgerichtet und stand Autonomiebestrebungen massiv entgegen. Nichtkastilische Minderheiten wurden konsequent unterdrückt. Dass dies die Identität der Basken

Artículo 2°
La Constitución se fundamenta en la indissoluble... dad de la Nación española, patr... mún e indivisible ... dos los esp... reconoce ... za el dere... autono... nact...

Constitución Española

8. 1. das Fuerzas Armadas, constituida ...el Ejército de Tierra, la Armada ...Ejército del Aire, tienen como ...garantizar la soberanía e ...ida de España, defender su inte...

INdependentzia

Freedom

untergraben und Unruhen auslösen würde, war vorherzusehen. Als Reaktion auf Francos Politik entstand in San Sebastián die separatistische Gruppe ETA.

Endlich Frieden?

Euskadi ta Askatasuna, abgekürzt ETA, steht für Baskenland und Freiheit. Die Gruppe, die größtenteils aus jungen Basken bestand, gründete sich 1959 als Widerstandsbewegung gegen das Franco-Regime. In den darauffolgenden mehr als 30 Jahren kamen durch ihre Hand ca. 800 Menschen, darunter viele Politiker, gewaltsam ums Leben. Erst 2011 legten die Kämpfer ihre Waffen endgültig nieder. Seither kann San Sebastián wieder durchatmen. Doch ganz ist der Schmerz der vergangenen Jahre nicht überwunden. ETA-Anhänger lassen ihrer Verzweiflung und Wut auch heute noch auf Demonstrationen freien Lauf, Opfer und Angehörige von Opfern leiden unter den Auswirkungen der Attentate.

Die Straße der Basken

In der **Calle Juan de Bilbao** ▮1▮ in der Altstadt gibt es noch einige Relikte in Form von Graffitis und Plakaten, die an die Widerstandskämpfer erinnern. Die Mauern links und rechts sind mit Parolen vollgeschmiert, die u. a. besagen: »Es lebe die ETA«. Als Tourist wird man hier nicht ganz so gern gesehen, ist es doch die einzige ursprüngliche Ecke der Altstadt, die weder Souvenirgeschäfte noch schicke Pintxo-Bars beherbergt. Es gibt ausschließlich authentische baskische Kneipen und die Donostiarra können hier noch mehr oder weniger unter sich sein. Doch wenn Sie den Barkeeper mit einem freundlichen »Aupa« (familiäres Hallo) begrüßen und an seiner Kultur Interesse zeigen, dann kann nichts schiefgehen. Auch wenn man sich vielleicht hier und da etwas beobachtet fühlt.

Stierkampf adé

Ein Platz, viele Nummern. Mitten auf der **Plaza de la Constitución** ▮2▮ fühlt man sich wie in einem gigantischen Adventskalender, denn an den Fensterläden prangen Zahlen von 1 bis 147. Ich muss Sie aber enttäuschen, hinter den Türen befinden sich keine Schokoladentäfelchen, sondern ganz normale Wohnungen. Die Zahlen stehen für die Logenplätze

Ü
ÜBRIGENS

Überall in San Sebastián, insbesondere in der Altstadt, erinnern Graffitis an die ETA – so wie dieses in der Calle Juan de Bilbao. Es kommt nicht selten vor, dass Anhänger der ETA oder Gefangene nach beendeter Haftstrafe Tür an Tür mit den Hinterbliebenen des Terrors leben. Ein friedliches Zusammenleben fällt vielen schwer.

aus der Zeit, in der hier noch Stierkämpfe ausgetragen wurden. Die blutigen Kämpfe sind mittlerweile Vergangenheit. Vielmehr spielen sich heute die wichtigsten Festivitäten vor der makellosen goldgelben Fassade ab. Am 20. Januar, dem Nationalfeiertag der Basken, versammeln sich Menschenmassen auf dem Platz und stehen dicht an dicht, singen gemeinsam und lauschen der Ansprache des Bürgermeisters. Auch den Karneval, die Semana Grande im August und die baskischen Feste (Euskal Jaiak) im September zelebrieren die Donostiarra auf dem quadratischen Platz.

Kino im Kloster

Eingebettet in ein Kloster aus dem 16. Jh. liegt das **Museo San Telmo** ❸. Das Stadtmuseum ist eines der wenigen Gebäude, das 1813 den großen Brand von San Sebastián überstanden hat. In einem überdimensionalem Saal mit Decken, die fast bis zum Himmel reichen, wird die Stadtgeschichte chronologisch per Beamer an die Wand geworfen. Der Geruch nach altem Gemäuer, die Dunkelheit, das Gedröhne der Bomben und Bilder, die plötzlich vor und neben einem auftauchen, vermitteln das Gefühl, in einem 4D-Kino zu sitzen. Die Wände sind über und über mit religiösen Gemälden verziert. In weiteren Räumlichkeiten erzählt das Museum von alter und moderner baskischer Kultur sowie Geschichte und Kunst im europäischen

ÜBRIGENS

Andresa Portugal verkaufte 70 Jahre lang an ein und derselben Stelle am Mercado de la Bretxa Fisch, bis sie mit 96 Jahren starb. Ihr zu Ehren brachte die Stadt ein lebensgroßes **Bildnis** ❼ an ihrem alten Arbeitsplatz an.

⟶ **UM DIE ECKE**

Wo sich traditionelles Markttreiben und Discounter treffen … An den bunten unterirdischen Marktständen im **Mercado de la Bretxa** ❶ kaufen die Donostiarra Obst und Gemüse, vor allem aber Fleisch und Fisch ein. Die Marktbeschicker konkurrieren mit dem einzigen Lidl der Stadt, der benachbart liegt. Testen Sie Ihr Spanisch beim Kauf lokaler Produkte an einem der Stände! Überirdisch gibt es die ein oder andere Boutique, u. a. von **Adolfo Dominguez** ❷, dessen klassische, stilvolle Mode auch bezahlbar ist. Unweit des Marktes trommelt still eine lebensgroße **Statue** ❻ vor einer eisernen Tafel, auf der der Text von Raimundo Sarrieguis »Marcha de San Sebastián« geschrieben steht. Das Lied wird jedes Jahr zur Tamborrada gespielt und gesungen.

INFOS/ÖFFNUNGSZEITEN

Museo San Telmo ▪3▪: Plaza Zuloaga, 1, www.santelmomuseoa.eus, Di–So 10–20 Uhr, 6/3 €, Di freier Eintritt, Café
Iglesia San Vicente ▪5▪: Calle San Juan, T 943 43 35 96
Mercado de la Bretxa ▪1▪: Boulevard Zumardia, 3, www.cclabretxa.com, Mo–Sa 8–21 Uhr
Adolfo Dominguez ▪2▪: Boulevard Alameda, Mo–Sa 9.30–21.30 Uhr

TRADITIONELLE BAR AN DER ›CONSTI‹

In der urigen **Bar Tamboril** ❶ (Calle Pescaderia, 2, Di–So 11–22.30 Uhr, Pintxo ab 2,50 €) gibt es einen sehr leckeren Rosé aus Navarra und Pilze am Spieß. Bei gutem Wetter kann man auf der Terrasse direkt an der ›Consti‹, der Plaza de la Constitución, das Ambiente genießen.

Cityplan Karte 2, A/B 1/2 | **Bus** 5, 8, 9, 13, 21, 25, 26, 28, 29, 31, 42: Blvd. Alameda

Kontext. Die Jahre der Franco-Diktatur und die ETA kommen leider etwas kurz. Wer sich für die politische und geografische Stadtgeschichte begeistert, der ist hier genau richtig. Lernen Sie das detailverliebte Klostermuseum in den ältesten Gemäuern der Stadt kennen.

Das Feuer überlebt!

Ein Datum ist für die Donostiarra von ganz besonderer Bedeutung: Der 31. August 1813. An diesem Tag brannte die Altstadt lichterloh. Wirklich jeder Hof, jedes Haus stand in Flammen. Nur eine einzige Straße und wenige Gebäude mit ihr überdauerten das Feuer. Um an diesen denkwürdigen Tag zu erinnern, erhielt die Straße den Namen des Unglückstags: **Calle de 31 de Agosto** ▪4▪. Hier befindet sich heute das Museo San Telmo (▶ S. 26) und damit das Kloster, das den Brand überlebt hat. Ihm gegenüber liegt die **Kirche San Vicente** ▪5▪. Die Großmutter unter den Kirchen San Sebastiáns stammt aus dem 16. Jh. Im Inneren des gotischen Bauwerks erklingt leise sakrale Musik und gedämmtes Licht fällt auf die Gemälde. Das älteste Gotteshaus der Stadt liegt im Herzen der Altstadt und empfängt seine Besucher mit offenen Pforten.

2012 starb sie 96-jährig: die Fischverkäuferin Andresa Portugal. Doch die Erinnerung an sie lebt in einem ihr gewidmeten Denkmal am Mercado de la Bretxa weiter.

Alte Kanonen und bombige Aussichten – **Monte Urgull**

Der Weg zu Jesus ist ein Irrgarten … Drohend steht die meterhohe Skulptur mit erhobenem Zeigefinger auf der Spitze des Berges Urgull. Jede Abzweigung auf dem Weg nach oben hält eine kleine Überraschung parat: alte Kanonen, ein kleiner Friedhof, Ruinen, eine geheime Bar. Windig und nass kann der Spaziergang auf dem Paseo Nuevo sein, auf dem man schnell von der ein oder anderen kalten Brise überrascht wird. Der Weg am Meer entlang umschlingt Urgull, als müsse er ihn vor den hohen Wellen beschützen.

Der Monte Urgull scheint über San Sebastián zu wachen, bei Tag wie bei Nacht. Die Christusstatue auf seinem Rücken ist eine Landmarke, die von fast überall im Stadtgebiet zu sehen ist.

Donostias starke Schulter

Eine große, unübersehbare Jesusstatue krönt die Festung der Stadt, den **Castillo de la Mota** 1. Direkt nebenan liegt die **Casa de la Historia** 2, in der sich Besucher eingehend mit der Stadtgeschichte beschäftigen können. Früher sah es hier nicht so friedlich aus. Wegen seiner Lage und seiner Höhe diente der Monte Urgull schon seit dem 12. Jh. als Austragungsort für militärische Auseinandersetzungen. Auf der Spitze thront die Festung mit ihren Kanonen. Von hier oben haben sich die Donostiarra gegen ihre Rivalen verteidigt. Im Jahr 1794 half die tolle Lage jedoch auch nicht weiter – die Kapitulation vor den französischen Revolutionskämpfern stand bevor. Knapp 20 Jahre später, 1813, wütete in der Stadt ein furchtbarer Brand. Und der Monte Urgull musste tatenlos zusehen.

Dem Himmel so nah

Viele Wege führen hinauf zum Denkmal mit der wunderbaren Aussicht. Obwohl es viele Abbiegungen gibt, können Sie eigentlich niemals auf den falschen Weg geraten. Entweder entdecken Sie den englischen Friedhof oder die alten Kanonen oder aber eine verwunschene Bar. Für Eilige: Der direkte Weg hinauf zur Festung dauert nur 15 Minuten. Perfekt versteckt und doch entdeckt: Die **Bar Polvorin** liegt auf dem Hausberg Urgull, die wenigsten haben je von ihr gehört. Nichtsahnende Touristen steigen direkt zur Jesusstatue auf – wir aber schlängeln uns linker Hand auf einem der vielen Wege daran vorbei und steigen auf der Meeresseite ab. Knapp unterhalb des Gipfels, zwischen Bäumen und Ruinen, liegt eine zauberhafte Bar mit atemberaubendem Blick auf die sichelförmige Bucht und die Insel Santa Clara. Exklusiver geht es nicht. Ordern Sie ein Bier zum Sonnenuntergang und Sie werden sich einfach grandios fühlen.

Grab mit Aussicht

Während der Bombardierung durch die napoleonischen Truppen im Jahr 1813 verloren viele Engländer ihr Leben, sie liegen auf dem **Friedhof** [3] begraben. Die Verbündeten der Spanier hatten vergeblich versucht, die Stadt zu verteidigen. Um den Friedhof ranken sich etliche Legenden. Man sagt, hier sei einst ein Massengrab für französische Soldaten ausgehoben worden. Die Grabstätte liegt idyllisch dem Meer zugewandt, auf halber Höhe des Hügels. Sträucher und Büsche verschlingen die wenigen Grabsteine geradezu, viele Gemeinsamkeiten mit einem üblichen Friedhof gibt es nicht.

Ü
ÜBRIGENS

Sie müssen keine schweren Wasserflaschen mitschleppen, auch wenn der Aufstieg durstig macht. Oben auf der Festung gibt es kostenlos Trinkwasser aus einem Brunnen. Derartige Wasserstellen sind über die ganze Stadt verteilt, so z. B. einige an der Strandpromenade, unterhalb des Monte Urgull und im Zentrum.

Nicht ganz so groß wie der Christus in Rio, aber immerhin 12,5 Meter hoch.

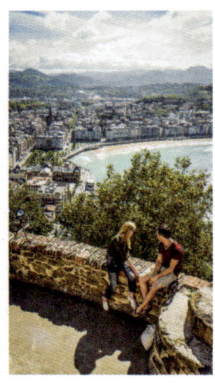

Mag der Aufstieg auf den Urgull auch vielleicht schweißtreibend sein, der Ausblick auf die La-Concha-Bucht, auf Stadt und Gebirge entschädigt für alle Mühen.

Die Geste, hier ein Denkmal für die Verteidigungskämpfer zu bauen, sagt viel über die Mentalität der Donostiarra aus.

Geschichte auf dem Dach der Stadt

Weiter oben, zu Jesu Füßen, öffnet sich die Pforte zum Haus der Geschichte, der **Casa de la Historia.** Wie San Sebastián vor mehr als 100 Jahren aussah oder wie der Nationalfeiertag, die sog. Tamborrada, entstanden ist, erfahren Sie in dem höhlenartigen Gemäuer. Wenn Sie die letzten Treppen des Museums hinauf auf das Dach klettern, haben Sie nicht nur einen hervorragenden Blick über San Sebastián, nein, Sie sind auch dem Christus-Denkmal zum Greifen nah.

Unfreiwillige Dusche

Ein Hut, ein Stock, ein Regenschirm … Halten Sie alles bereit, insbesondere den Regenschirm gegen die Wellen, die den Wanderer gern von der Seite überraschen und ihm eine unerwartete Dusche schenken. Der **Paseo Nuevo** 4 schlängelt sich unterhalb des Monte Urgull entlang und ist die schönste Route, um vom La-Concha- zum Zurriola-Strand zu gelangen. Der Spaziergang beginnt im Hafen von San Sebastián und führt vorbei am **Aquarium** 5 und an der massiven **Skulptur Construcción Vacía** 6 (»Leere Konstruktion«) von Jorge Oteiza (▶ S. 120). Die tonnenschwere Skulptur eines der angesehensten baskischen Künstler des 20. Jh. wurde 2002 am Paseo Nuevo zu Ehren der verunglückten Seefahrer aufgestellt. Auf Höhe des Denkmals breitet sich das offene Meer vor einem aus. Genießen Sie den Geruch nach Salzwasser und das Rauschen der Wellen. An heißen Tagen lässt sich der Spaziergang mit einem köstlichen Eis an der **Boulevard-Eisdiele** 1 am Kursaal abrunden.

Mitten im Meer

Der Weg um den Monte Urgull ist im Winter häufig gesperrt, da die Wellen gefährlich hoch werden können. Zur selben Zeit ist das aufgewühlte Meer mit seinen weißen Schaumkronen eines der beliebtesten Fotomotive. Verlassen Sie den rauen Paseo Nuevo in Richtung des geschützten Hafens, stoßen Sie rechter Hand auf das **Aquarium** San Sebastiáns, dem ein **Fischerei- und Meeresmuseum** angeschlossen ist. Kinder haben viel Freude an

So also sieht die Leere aus: Construcción Vacía

dem verglasten Tunnel, der durch die Unterwasserwelt führt. Über ihnen tummeln sich Haie, Rochen
und andere Meeresbewohner und (nicht nur) die
Kleinen fühlen sich, als stünden sie selbst auf dem
Meeresgrund.

Nostalgische Stunden am Hafen

Es riecht nach Fisch. Die Füße stolpern über asymmetrisch angeordnete Pflastersteine, die Augen
blicken auf heruntergekommene Fischerhaus-
fassaden aus dem letzten Jahrtausend. Verwinkelte Gässchen führen zu den Hauseingängen.
Souvenirshops und Eisläden besetzen die unte-
ren Etagen, in den oberen sind Wohnungen untergebracht. Fischerboote und Jachten dümpeln
in den seichten Wellen verschlafen vor sich hin.
Viel Betrieb ist nicht im Hafen von San Sebastián,
da fast ausschließlich Boote von Privatleuten hier
ankern und kein Seehandel mehr stattfindet. Ab
und zu legt ein Bötchen ab, das Passagiere zur
Insel Santa Clara (► S. 67) bringt oder diese
von dort abholt.

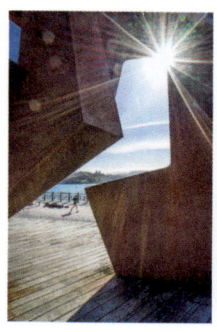

*Durchblick: Die Eisen-
skulptur »Construcción
Vacía« (Leere Konstruk-
tion) des Basken Jorge
Oteiza gibt den Blick auf
einen einsamen Jogger
frei. Sie erinnert an die
Seefahrer, denen das
Meer zum Verhängnis
wurde.*

INFOS/ÖFFNUNGSZEITEN

**Castillo de la Mota 1 / Casa de
la Historia 2:** T 943 48 15 80, tgl.
11–20 Uhr, 11. Dez.–20. März geschl.,
Eintritt frei
Aquarium 5: Plaza de Carlos
Blasco Imaz, 1, T 943 44 00 99, www.
aquariumss.com, Mo–Fr 10–19, Sa, So
10–20, Juli, Aug. 10–21 Uhr, Eintritt
13 €/6,50 €

SUPER FISCH ESSEN, SUPER AUSSICHT!

Das Restaurant **La Rampa 2** (Calle de
Muelle, 26–27, T 943 42 16 52, www.
restaurantelarampa.com, Do–Di 12–16,
20–23 Uhr, ab 20 € bzw. Tagespreise,
ración ab 11 €) an der Hafenpromenade
trumpft neben der Lage mit seiner mehr
als reichen Auswahl an Meeresfrüchten
und leckeren Fischspezialitäten auf.
Einfach gut!

Cityplan E 2 | **Bus** 39: Urgull – Paseo Salamanca

4

Schwanensee im Stadtzentrum – **Plaza de Gipuzkoa**

Eine originelle Boutique hier, Bäckereien mit leckersten Gebäckstücken da, hübsche Cafés, Schuhläden und – Schwäne! Ja, Sie haben richtig gelesen. Inmitten all der Lädchen taucht plötzlich ein romantischer Garten auf. In seinen Gewässern leben Schwäne, die die Zeit immer im Blick haben …

▶ INFO

Das Hin und Her mit den Namen ist in San Sebastián nicht ohne … So heißt der Boulevard Alameda auch gerne mal Alameda del Boulevard oder auch nur Boulevard. Nicht verwirren lassen!

Weihnachten im spanischen Frühling …

Plaza de Gipuzkoa 1 … Das klingt irgendwie ungewöhnlich und man möchte direkt ein »Gesundheit« erwidern. Tatsächlich handelt es sich aber um einen baskischen Begriff, der eine der drei baskischen Provinzen bezeichnet, deren Hauptstadt San Sebastián ist. Den Namen trägt ihr zu Ehren auch der wunderschöne Garten inmitten der Einkaufsstraßen. Er ist umringt von Cafés und Bars wie dem gemütlichen **Café Gogoko Goxuak** ❶. Perfekt also, um Leute zu beobachten und entspannt einen Latte Macchiato zu trinken.

O du fröhliche!

Ein Gebäude am Platz sticht besonders ins Auge, der **Palacio de Diputación** . Der neoklassizistische Bau aus dem Jahr 1885 ist Sitz der Provinzregierung. Auf dem Platz vor dem imposanten Bauwerk findet im Sommer eine Buchmesse statt. Von hier ist es nur ein Katzensprung zum Minipark, den man in wenigen Minuten durchquert hat. Neben einigen Bänken gibt es gleich zwei Teiche mit Schwänen, eine schnuckelige Brücke, aufwendige Blumenkompositionen, Statuen und einen Brunnen. Erst beim zweiten Hinsehen erkennt man auch die überdimensionale Uhr aus Blumen auf dem Rasen. In der Vorweihnachtszeit ist der komplette Garten vollgestellt mit Figuren aus der Weihnachtsgeschichte inklusive Krippe, Maria und Josef und den Hl. Drei Königen. Laufen Sie an den bunten Gestalten vorbei und lauschen Sie ihnen, denn sie stimmen fröhliche Weihnachtslieder an. Hören Sie genau hin, sie singen auf Deutsch!

Little Paris

Die Gebäude in der Área Romántica, dem romantischen Viertel San Sebastiáns, erinnern Sie an eine andere bekannte Großstadt? Tatsächlich wurde der Bereich um die La-Concha-Bucht im Zentrum im Stil der Pariser Belle Époque erbaut. Wunderschöne Häuser am Flussufer und an der Plaza Gipuzkoa sind der nordspanischen Stadt bis heute erhalten geblieben. Neben den prächtigen Bauten etwa am Paseo República Argentina wie dem Hotel María Cristina (▶ S. 36) und dem Teatro Victoria Eugenia (▶ S. 37) ist hier vor allem das ehemalige Casino zu nennen.

Roulette oder Rathaus?

Wo sich heute das **Ayuntamiento** , also das Rathaus, befindet, lag einst das Grand Casino am Park Alderdi Eder. Um die Crème de la Crème der Reichen und Schönen anzulocken, entstand 1887 ein pompöses Casino direkt am Meer. Die Rechnung ging auf. Der Adel belagerte Roulettekessel und Spieltische und die Stadt erlebte einen ökonomischen Aufschwung. 1938 übernahm die Stadtverwaltung das Gebäude im Stil der Renaissance und verlegte ihre Büros hierher. Der mit Kronleuchtern ausgestattete prunkvolle Ballsaal ist bis heute eine Augenweide und dient der Stadt als Tagungsraum.

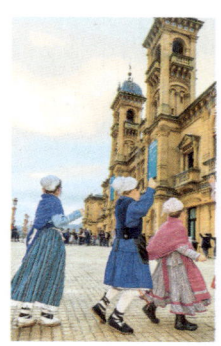

Ehre, wem Ehre gebührt: Donostiarra in baskischer Tracht tanzen vor dem Rathaus zum Gedenken an den Olentzero. Der ›baskische Weihnachtsmann‹ soll den Kindern am Abend des 24. Dezember die Geschenke bringen, so geht die Sage.

Das Innere des Palastes ist überschwänglich dekoriert. Marmor, edle Hölzer, Stuck, Spiegel, Glas- und Deckenmalereien – es wurde an nichts gespart, schließlich wollte man Macht und Stärke der Provinz zeigen (Gran Vía Don Diego López de Haro, 25, T 946 08 35 37, geführte einstündige Touren).

INFOS/ÖFFNUNGSZEITEN
Ayuntamiento 3: Calle Ijentea, 1, T 943 48 10 00, Mo–Fr 9–14, 16–18 Uhr, Juli, Aug. nur morgens

Casino Kursaal 4: Calle Mayor, 1, www.casinokursaal.com, tgl. 10–4 Uhr
Tourismusbüro: Boulevard Alameda, 8, T 943 48 11 66, www.sansebastianturismo.com, Mo–Sa 9–19, So 10–14 Uhr

NICHT NUR ZUM FRÜHSTÜCK …
Gogoko Goxuak 1: Calle Andia, 11, T 943 57 61 07, Mo–Fr 7.30–13.30, 15.30–21.30, Sa, So 8.30–14, 15.30–21.30 Uhr; u. a. leckeres Gebäck
Gelateria Boulevard 2: Boulevard Alameda, 10

ENERGIE TANKEN!
Nach dem Einkaufsbummel ist eine Pause im Grünen ›zum Leute gucken‹ schön. Auf der Terrasse des **Bideluze Bar-Kafe** 3 an der Plaza Gipuzkoa können Sie Energie in Form eines Erfrischungsgetränks tanken und den schönen Garten bewundern (Hausnr. 14, T 943 42 28 80, Mo–Fr 8–1, Sa 9–2, So 11–24 Uhr).

Cityplan Karte 2, A/B 2/3 | **Bus** 14, 37, E21: Plaza de Gipuzkoa

Das **Casino** 4 zog in kleinere Räumlichkeiten in der Calle Mayor um und ist noch heute in Betrieb.

Sich dem Rausch hingeben

Der Boulevard (Alameda) lebt. Die breite Fußgängerzone, die die Altstadt vom Zentrum trennt, ist Dreh- und Angelpunkt des Geschehens. Sie pulsiert am Tage wie bei Nacht. Sehen und gesehen werden ist hier Programm, umherschlendern und Eis essen – bis nachts um eins, die **Eisdiele Boulevard** 2 macht es möglich. Sie ist so beliebt, dass es auf einer Strecke von nur 300 m gleich drei Filialen gibt. Probieren Sie mal Sachertorte und *tarta de yema* (Eiercreme), das sind meine Lieblingssorten. Am Boulevard Alameda zeigen jede Menge Straßenkünstler ihr Können, liegen Bars und Restaurants sowie der sonntägliche **Obst- und Gemüsemarkt** 1. Außerdem ist hier das **Tourismusbüro** (s. o.) zu finden, ein guter Anlaufpunkt. Im **Romantischen Pavillon** 5 (Kiosko Boulevard) sind des Öfteren Tanzvorführungen, Swingeinlagen und kleine Konzerte zu erleben.

Ü
ÜBRIGENS

Das Pendant zum Boulevard Alameda ist die **Avenida de la Libertad** . Sie ist von ihrem Anspruch her die Champs-Élysées von San Sebastián. H&M, Oysho, Sephora, Rituals, Zara Home und andere große Marken reihen sich hier eine an die andere. Die Straße ist eine Ausnahmeerscheinung, sind doch sonst kleine Modeboutiquen und lokale Läden charakteristisch für die Stadt.

And the Oscar goes to … – **willkommen im Kursaal**

Nein, nicht der Oscar, sondern die Goldene Muschel wird bei den jährlichen Filmfestspielen in San Sebastián an den besten Film verliehen. Ich stehe auf dem roten Teppich, James Franco und Ryan Gosling sind zum Greifen nahe. Während der glamourösen Filmfestspiele verschwimmen die Grenzen zwischen Star und Normalo ein wenig. Alle sind auf dem roten Teppich herzlich willkommen, ein Antonio Banderas genauso wie mein Hawaiihemd tragender Nachbar.

Ein Event jagt hier das nächste: Im **Kursaal** **1** ist immer etwas los. Selten genug, dass abends keine Schlange vor dem Einlass steht. Das Kongresszentrum ist Veranstaltungsort für Messen aller Art, darunter Hochzeits- und Automobilschauen. Konzerte, Tanzvorführungen, komödiantische Abende – die Liste ist lang.

Der Architekt des Kursaals, der Spanier Rafael Moneo, erhielt für seinen Entwurf den Preis ›Euopas beste Bauten‹, vergeben von der Europäischen Union und der Stiftung Mies van der Rohe.

▶ **INFOS**

Zinemaldia: www.
sansebastianfestival.com,
Karten ab ca. 8 €, Ticket-
paket für alle Filme und
Preisverleihungen: 390 €,
Opening-/Closing-Gala
79 €. Beim Ticketkauf vor
Ort ist mit langen War-
tezeiten zu rechnen. Wer
auf Nummer sicher gehen
will, kauft die Karten im
Vorfeld online. Während
der Gala gibt es keine Ver-
pflegung, die Platzwahl
ist frei und es wird nur ein
Film vorgeführt.

Leider zeigen heute nur
wenige junge Leute
Interesse am Festival
oder können sich die Ein-
trittskarten schlicht nicht
leisten. San Sebastián ist
eine Stadt der Kultur und
deshalb soll der Zutritt
auch der Jugend ermög-
licht werden. Jeder unter
30 Jahren kann 30 Min.
vor Vorstellungsbeginn
sein Glück am Ticketschal-
ter versuchen – sofern
noch Tickets übrig sind,
kostet die Karte nur 3 €,
egal ob Loge oder Parkett.
Dieses nette Last-Minute-
Angebot lockt abends
immer mehr Jugendliche
ins Theater.

Die wichtigste Veranstaltung ist mit Abstand die
»Zinemaldia«, wie das hiesige Filmfestival heißt –
wohl das wichtigste neben Los Angeles, Berlin und
Cannes. Jedes Jahr im September wird der rote
Teppich ausgerollt und sowohl Hollywood-Stars wie
normale Bürger dürfen darüber spazieren. Trotz des
hohen Aufgebots an prominenten Gästen sind die
Donostiarra herrlich entspannt. Keine Absperrun-
gen oder Verbote – jeder kann seinem Lieblingsstar
so nah sein, wie er möchte. Nun ja, fast. Wer viel
Zeit hat, kann sich einen Pass kaufen, der den Zutritt zu den Filmen erlaubt. Ansonsten gibt es mit
Glück noch Karten an der Abendkasse. Die Tickets
für beliebte Filme oder Abendvorstellungen sind
meist schon Monate im Voraus ausverkauft.

Fels in der Brandung ...

Deutsche staunen nicht schlecht, wenn Sie den Namen des Kultur- und Kongresszentrums zum ersten
Mal hören: Kursaal – das klingt deutsch. Ist es auch!
Das ursprüngliche und zwischenzeitlich marode
Belle-Époque-Gebäude am Zurriola-Strand wurde
1999 durch ein architektonisches Meisterwerk von
Rafael Moneo ersetzt, den heutigen Kursaal. Man
muss zweimal hinsehen, um seine Optik richtig zu
deuten. Wie vom Meer angespülte Felsblöcke liegen die Klötze da und in der Nacht sehen sie aus
wie gewaltige von innen beleuchtete Würfel. Im Inneren ist der Kursaal nicht weniger beeindruckend.
Der Konzertsaal punktet mit einer einmaligen Akustik und mit einer puristischen, aber edlen Ausstattung. Man kann sich auf diese Weise voll und ganz
dem Geschehen auf der Bühne widmen.

Der Weg zu den Stars

Natürlich empfiehlt sich eine Übernachtung im
prächtigsten Hotel San Sebastiáns, dem **Hotel
María Cristina** **2**. Besonders, wenn Sie auf die
Schnelle ein Vermögen loswerden wollen. Kein
Bedarf? Dann schauen Sie doch einfach samstags
um 17 Uhr vorbei. Bei einer kostenlosen Führung
durch die Räumlichkeiten erfahren Sie Anekdoten
aus längst vergangenen Zeiten, damals, als noch
Könige im Hause umherstolzierten. Das Gebäude
hat eine spannende Geschichte und ist trotz seiner
Größe und seiner Preise ständig ausgebucht. Im
September, während des Filmfestivals, nächtigen
hier ausnahmslos Stars und Sternchen.

INFOS/ÖFFNUNGSZEITEN

Kursaal **1**: Avenida de Zurriola, 1,
T 943 00 30 00, www.kursaal.es
Hotel María Cristina **2**: Paseo
República Argentina, 1, www.marriott.
com, DZ ab 290 €
Teatro Victoria Eugenia **3**: Paseo
República Argentina, 4, T 943 42 03 44,
www.victoriaeugenia.eus, mit Café (s. u.)

reich des Cafés und amüsiert sich bis
zum Morgengrauen in der Disco.

UNGEWÖHNLICHE VERWÖHNIDEEN

Im Restaurant und Feinkostladen **Mimo Shop** **1** (T 943 42 11 43) im Hotel
María Cristina kann man tgl. an Koch-
kursen und Pintxo-Touren teilnehmen.
Schön, wenn Sie von den kulinarischen
Erfahrungen etwas mit nach Hause
nehmen möchten. Im **Café Victoria
Eugenia** **2** (Adresse s. o., www.
victoriacafe.es, Di–Do 9.30–22.30, Fr,
Sa 9–6.30, So 9.30–23 Uhr) kann man
tagsüber schön auf der Terrasse sitzen
und sich kulinarisch verwöhnen lassen.
Nachts taucht man ab in den Innenbe-

Cityplan Karte 2, B/C 1/2 | Bus 8, 13, 17, 29, 31, 37, 40, 41, 42: Kursaal

Kein Theater jetzt!

Seit 1912 steht das anmutige **Teatro Victoria Eugenia** **3** neben dem Luxushotel María Cristina am Flussufer. Seinen Namen verdankt es einer deutsch-britischen Prinzessin, Urgroßmutter von König Felipe VI. Das glamouröse Bauwerk wurde nach Renovierungsmaßnahmen 2007 neu eröffnet und begeistert täglich Hunderte Besucher. Das Programm ist so abwechslungsreich wie seine Gäste: Musicals, Drama, Kabarett, Ballett, klassische Konzerte, Filmvorführungen während der Filmfestspiele im Herbst. Von jedem der 890 Sitzplätze aus hat man eine fantastische Sicht auf die große Bühne. Es wird mit der Akustik, mit Licht und Gerüchen gespielt … und häufig auch mit den Gästen, denn die werden gern mal in die Show miteinbezogen, so wie beim Musical »We love Queen«. Das Innere des Theatersaals ist in Purpurrot und Gold gehalten. Von der aufwendig bemalten Decke hängen tonnenschwere Kronleuchter herab. Für diesen Anlass halten Sie auf jeden Fall die gute Garderobe parat!

Haben Sie Lust, einen exklusiven Blick auf den ein oder anderen prominenten Gast während des Filmfestivals zu erhaschen? Nehmen Sie den Hintereingang des Hotels María Cristina, dann gelangen Sie direkt in die Hotelbar. Mit etwas Glück sitzt Ihnen dann ein Bradley Cooper oder eine Juliette Binoche gegenüber. Darauf einen Cocktail!

6

Ich surfe, also bin ich! – **La Playa de la Zurriola**

Sportlich, sportlich! Surfen, Stand-up-Paddling, Yoga … Mieten Sie sich spontan ein Surfbrett und rein in die Welle. Oder Sie lassen es erst mal ruhig angehen und nehmen ein Stand-up-Paddle-Board. Wasserscheu? Kein Problem! Beim Yoga am Strand haben Sie sicheren Boden unter den Füßen und das Meer immer im Blick.

► INFOS

Der Zurriola-Strand ist übrigens der einzige, an dem Sie Liege und Sonnenschirm mieten können (3,50 € bzw. 5 €).

Surfen schon für die Kleinsten – der Zurriola-Strand bietet gerade auch für Anfänger beste Bedingungen.

Wo wilde Wellen wogen

Einhergehend mit der Erweiterung und Sanierung des **Zurriola-Strandes** 1 stieg auch die Zahl seiner Besucher. Die Surfer schätzen den wilderen Wellengang, andere Badegäste leihen sich Liege und Sonnenschirm aus und betrachten das Treiben im Wasser lieber vom Land aus. Auf der einen Seite des 800 m langen Strandes ruht der moderne Kursaal (► S. 35), am anderen Ende liegt das Sagüés-Viertel, wo eine unübersehbare weiße Skulptur von Nestor Basterretxea Bewunderer ins Grübeln bringt. Mit viel Fantasie erkennt man die Friedenstaube, die

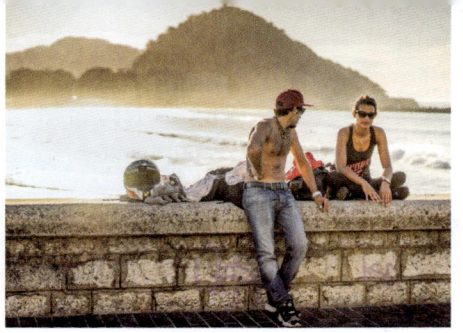

Nach dem Surfen kommt das Chillen – die Sonnenuntergänge an der Playa de la Zurriola sind außergewöhnlich schön.

sie darstellt. Die Macht des Wortes ist stärker als jede Gewalt – so die Symbolik dahinter. **La Paloma de la Paz** 2 ist schon viel gereist … Die 1988 erschaffene Statue stand zuerst an der Stelle des heutigen Kursaals, ein paar Jahre später wurde sie zum Stadion in den Stadtteil Amara verschleppt und letztlich landete sie erneut am Zurriola-Strand. Bleibt zu hoffen, dass sie hier ihren endgültigen Standort gefunden hat. Hinter der Skulptur endet die Strandpromenade. Sie haben den östlichsten Teil der Stadt erreicht und können von der Mauer aus, die den Strand abschließt, die zauberhaften Sonnenuntergänge genießen.

Für eine Skulptur ganz schön mobil: die Friedenstaube

Nackedeis

Ein heißer Tag wartet auf Sie? Dann lassen Sie doch einfach die Klamotten im Schrank. Am Zurriola-Strand ist Nacktbaden erlaubt und viele lassen sich das nicht zweimal sagen. Aber bitte aufpassen: Durch Fähnchen am Ufer wird der Bade- vom Surfbereich getrennt. Da der Strand sehr gut besucht und bei Surfern extrem beliebt ist, passen Sie gut auf, damit Sie kein Brett an den Kopf bekommen.

Losbrettern

Was Paris ohne Eiffelturm wäre, wäre San Sebastián ohne seine Surfer. Schon am frühen Morgen steigen die ersten Wellensüchtigen in die salzigen Fluten. Egal, ob Anfänger oder Profi. Versuchen Sie doch selbst einmal Ihr Glück auf einem bunten Board. Wer kein eigenes Surfbrett dabei hat, kann sich eins an der Strandpromenade ausleihen, ebenso wie Neoprenanzüge. Keine Lust, alleine zu surfen? In der **Surfschule Pukas** ❶ lernt man mit Gleichgesinnten und erfahrenen Lehrern, wie man die Wellen gekonnt reitet. Die Strömung ist nicht zu stark, die Wellen sind kräftig und niedrig, das Ufer geht flach ins Meer über, der Sand ist weich – das

INFOS/ÖFFNUNGSZEITEN
Pukas Surf Eskola ❶: Avenida de la Zurriola, 24, T 943 32 00 68, www.
pukassurf.com, Mo–Fr 10–14, 16–20, Sa 9–14.30, 16–20, So 9–14.30 Uhr, Surfbrett 11 €/Std., Surfunterricht in der Gruppe 85 €/Woche (5 Std.)

Yoga ❷: Juni–Okt. ca. 9.30–10.30 Uhr, außer an Regentagen, nachmittags im Parque Cristina Enea; Yogalehrerin: Nazarene, T 639 63 43 37

Altafit ❸: Calle Peña y Goñi, 12–14, T 912 99 90 13, www.altafitgymclub.com, Mo–Fr 7–22.30, Sa 9–20, So 9–14 Uhr, Tagespass 8 €

LIEBEN SIE SÜSSES?

Das **Café Antojitos Donostia** ❶ (Calle Ramón y Cajal, 5, T 943 50 68 03, Mo–Fr 8.15–13.30, 15.30–20, Sa 9–14, 16–20, So 9.30–14 Uhr) versorgt Sie mit einem tollen Frühstück und zwischendurch mit diversen selbstgemachten Torten, Kuchen *(tarta de limón!)* und Plätzchen.

Cityplan Karte 2, C–E 1/2 | Bus 8, 13, 17, 29, 31, 37, 40, 41, 42: Kursaal

Zumba ist eine Tanzsportart, bei der man absolut keine Vorkenntnisse braucht und garantiert mit einem Lächeln auf den Lippen den Tanzraum verlässt. Unweit des Zurriola-Strandes liegt **Altafit** ❸, ein Fitnessstudio, das auch spontan und für Nicht-Mitglieder diverse Kurse anbietet. Wer also nach einem Tag am Strand mit Yoga und Surfen noch nicht genug Power-Workout hatte, kann bei der Zumba-Tanzstunde am Abend noch mal Gas geben. Partystimmung bei modernen lateinamerikanischen Rhythmen …

sind optimale Bedingungen für Anfänger. Besonders nachmittags zwischen 13 und 16 Uhr, wenn die Strömung am schwächsten ist.

Sei gegrüßt, Meer!

Ein Sonnengruß im wahrsten Sinne des Wortes … Die unter Yogis bekannte Übung bekommt am Zurriola-Strand eine ganz neue Bedeutung. Der einstündige **Yogakurs** ❷ direkt am Wasser ist ein absoluter Geheimtipp, denn er wird weder im Internet noch in der Stadt selbst beworben. Früh um 9.30 Uhr versammeln sich die sportlichen Frühaufsteher, die mit ihren Matten bewaffnet gemeinsam den Tag begrüßen. Sand unter den Füßen, das Meer vor Augen und Frischluft im Näschen – was gibt es Schöneres, als so in den Tag zu starten? Die Yogalehrerin ist eine junge Argentinierin, die die ungewöhnliche Idee hatte, den Unterricht von der Halle an den Strand zu verlegen. Eine Stunde an der frischen Luft weckt die Lebensgeister – und ist zudem kostenlos. Anmelden muss man sich vorab nicht, einfach hingehen! Und über ein paar Euro Trinkgeld freut sich die ambitionierte Lehrerin bestimmt.

Auf dem Jakobsweg ins Fischerdorf – **Pasaia**

Tauchen Sie noch tiefer ein in die baskische Kultur und machen Sie einen Ausflug nach Pasaia. Ein traumhaftes Fischerdorf mit bunten Häusern und einem Hauch von Nostalgie erwartet Sie. Mit einer salzigen Brise in der Nase, vorbei an Schlössern und Brücken, geht es auf den Spuren des hl. Jakob immer entlang der Küste.

Gerade mal 6,5 km östlich von San Sebastián liegt ein verschlafenes Fischerdorf namens San Juan, das zur Gemeinde Pasaia gehört. Ich empfehle dringend, das Auto stehen zu lassen und den Weg zu Fuß zu bestreiten. Sie starten den Tag in San Sebastián am östlichen Ende des Zurriola-Strandes und biegen vor der Tankstelle Larramendi links ab. Ab hier ist der Weg nach Pasaia gut ausgeschildert. Es folgt ein 15- bis 20-minütiger steiler Anstieg auf den **Monte Ulia** 1. Keine Sorge, Sie werden schnell

Dorfleben pur! Die idyllische Umgebung bewog einst auch Victor Hugo dazu, einen Sommer in Pasaia zu verbringen.

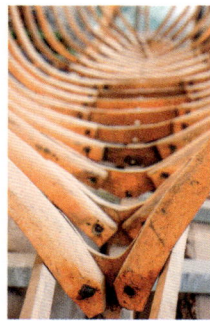

Waren die Basken die Walfänger der ersten Stunde? Auf jeden Fall gingen sie dem Walfang schon ab dem 6. Jh. nach. Die Galeone, die zzt. im Museum Albaola rekonstruiert wird, stach allerdings erst gut 1000 Jahre später in See.

Die 1565 vor der Küste von Labrador (Neufundland) gesunkene Galeone San Juan war das größte Übersee-Schiff seiner Zeit. Seit 2006 gehört es zum Unesco-Weltkulturerbe

mit einer fantastischen Aussicht auf das Meer und die ganze Stadt belohnt. Außerdem bleiben Sie von nun an auf derselben Höhe und können die leichte Wanderung in vollen Zügen genießen. Dabei laufen Sie stets direkt an der bildschönen Küste entlang, vorbei an Leuchttürmen und verwunschenen Schlössern. Von Blumen umrankte Steinbrücken bieten unterwegs eine tolle Kulisse für ein Urlaubsfoto. Der schmale Pfad führt Sie in ca. 2,5 Stunden nach Pasaia. Beim Abstieg passieren Sie einen weiteren Leuchtturm. An diesem marschieren Sie vorbei und treffen nach ein paar Minuten auf eine große Schiffshalle, das heutige Museum **Albaola** 2, eines der schönsten Museen des Baskenlandes.

Noch 6000 km bis Neufundland

Das Museum beherbergt einen Schatz der Basken: 1978 wurde auf dem Meeresgrund vor Neufundland das Wrack eines Schiffs geborgen, das im 16. Jh. in Pasaia in See gestochen war – eines der ersten, das den Ozean je überquert hatte. Über 30 Jahre lang wurde der Fund studiert und in Form von Miniaturmodellen rekonstruiert. 2013 startete das große Projekt: die originalgetreue Reproduktion des einstigen Walfängers San Juan. Seit gut fünf Jahren feilen die Konstrukteure schon an der Kopie – fertig ist die Galeone noch lange nicht. Der Feinschliff erfolgt nicht in der Schiffshalle, sondern auf dem Wasser, mithilfe traditioneller Techniken und Materialien. Geplant ist, dass der Walfänger nach der Fertigstellung zur kanadischen Insel Neufundland segelt, so wie sein Vorgänger einst. Den aufwendigen Bau finanzieren insbesondere Sponsoren aus dem Umland: das Bullauge etwa die Koch-Familie Arzak, einen Mast die Sidrería Petritegi. Im Museum hat man Zutritt zur Schiffshalle und kann den Konstrukteuren bei der Arbeit zusehen.

Schön schief!

Wenn Sie das Schiffsmuseum verlassen, folgen Sie dem Weg nach San Pedro. Von dort haben Sie einen einmaligen Blick auf die malerischen Hausfassaden des gegenüberliegenden Dorfs San Juan, in dem die Zeit stehen geblieben zu sein scheint. Keine Sportwagen, keine Hightech-Gimmicks, kein Lärm. Stattdessen reihen sich hier wild geschmückte schiefe Steinhäuser mit bunten Holzbalkonen aneinander, thront eine alte Kapelle über dem Ort.

INFOS/ÖFFNUNGSZEITEN

Albaola Kultur Faktoria 2: Ondartxo, 1, Pasaia-San Pedro, T 943 39 24 26, www.albaola.com/en, Di–So 10–14, 15–19 Uhr, 5–7 €

Casa Victor Hugo 4: Calle Donibane, 63, Pasaia-San Juan, T 943 34 15 56, Di–Sa 10–14, 16–18, So 10–14 Uhr, Eintritt frei; heute Sitz des Fremdenverkehrsbüros

SÜSSES UND HERZHAFTES

Im **Restaurant Yola Berri** 1 (Calle Donibane, 93/Plaza de Santiago, Pasaia-San Juan, T 943 34 13 53, Mi–Mo 10–22 Uhr, Hauptgerichte ab 9 €) auf dem Marktplatz von San Juan gibt es zum Blick auf den Fluss die traditionelle Käseplatte mit *membrillo* (Quittengelee) und einen leckeren Schokoladenkuchen mit flüssigem Kern als Nachspeise.

Cityplan Karte 3, B/C 1 | **Bus** 13, E09, E20: San Pedro

Dorfleben

Steigen Sie in eines der grün-weißen Bötchen, das am Flussufer auf Sie wartet und Sie in weniger als einer Minute nach San Juan bringt. Dort ist alles so schön typisch baskisch. Auf dem **Marktplatz** 3 ist immer etwas los, obwohl das Viertel gerade einmal 2400 Einwohner zählt. Setzen Sie sich in eines der Restaurants und bestellen Sie eine *caña*, ein Glas Bier, zur Erfrischung. Auch für den Rückweg nach San Sebastián sind Sie auf eine der Fähren angewiesen, die Sie zurück nach San Pedro bringt. Dort folgen Sie einfach der Straße bis zum Kreisverkehr und nehmen dann den Bus E09 nach San Sebastián. In nur zehn Minuten sind Sie wieder im Zentrum.

▶ INFOS

Das Ticket für die Bootsfahrt nach San Juan kostet 0,80 €, die Karte für den Bus zurück in die Stadt 1,70 €.

→ UM DIE ECKE

Wenden Sie sich in San Juan zuerst nach rechts und besuchen dort die **Casa Victor Hugo** 4, in welcher der französische Schriftsteller den Sommer 1843 verbrachte. Der Eintritt ist kostenlos und in der zweiten Etage des Museums kommen Sie dem berühmten Literaten recht nahe.

8

Weltklassehäppchen zum Schnäppchenpreis – Pintxo Pote in Gros

Fröhliches Geplauder erklingt in den Straßen und die Pintxo-Bars sind rappelvoll. Kein Wunder bei dem Angebot! Angeblich wurde Pintxo Pote ins Leben gerufen, damit sich auch Studenten und weniger Betuchte das abendliche Ausgehen leisten konnten. Die gesellige Tradition wird bis heute gepflegt. Man trifft sich am Donnerstagabend zum kultivierten Besäufnis mit Schlemmerei.

► INFOS

Ein Pintxo ist der baskische Bruder der Tapa, der Pote das Getränk dazu.

Pintxos essen in geselliger Runde – was gibt es Besseres?

Gros ist ein Viertel mit Persönlichkeit, das in den letzten Jahren einen tiefgreifenden Strukturwandel erlebt hat. Die Gegend um den Zurriola-Strand wandelte sich vom Arbeiterviertel zum hippen Surfertreff. Statt Fabriken und Werkstätten pflastern nun individuelle Boutiquen und Pintxo-Bars die Straßen – ein Eldorado des Einzelhandels, bei dem der eine oder andere auf der Strecke geblieben ist.

Jung und alt(ernativ)

Planen Sie ruhig einen ganzen Nachmittag ein, um in Ruhe durch die kleinen Lädchen zu stöbern. Ob Vintage oder Neuware, Sonnenbrille oder Ledertasche, lokale Spezialitäten oder die coole Surfausrüstung – von allem ist etwas dabei. Kaufhäuser und große Ketten sucht man vergeblich. Ein besonderes Flair erleben Sie in der Fußgängerzone Calle Peña y Goñi, in der gemütliche Restaurants und Bars zu Hause sind und die Donostiarra ihr Feierabendbier trinken. Spätestens hier merken Sie, dass Gros längst von Studenten, Skatern und Surfern erobert wurde. Aber auch viele junge Familien zieht es in das belebte Viertel mit dem traumhaften Strand.

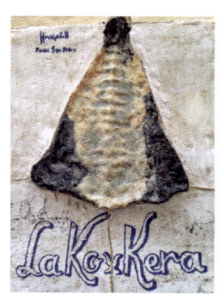

Auch der Stockfisch (bask. ›koxkera‹) landet traditionell gerne auf einem Spießchen …

Seien Sie forsch!

In der Fußgängerzone Calle San Francisco, die von der **Plaza de Cataluña** 1 abzweigt, finden Sie linker und rechter Hand diverse Kuriositätenläden und süße Cafés. Machen Sie unbedingt auch einen Abstecher in die Calle del General Artetxe. Sie ist so klein und so gut versteckt, dass sich nur ganz selten ein Tourist hierher verirrt. In der Ministraße liegen aber tolle Restaurants, u. a. das **Bergara** ❶. Schnappen Sie sich einen Pintxo und essen Sie ihn à la Donostiarra selbstbewusst an die Bar gelehnt. Die Gastronomie in San Sebastián tickt übrigens ein wenig anders als in Deutschland. Da fällt das höfliche Bitte und Danke gerne mal unter den Tisch. Wundern Sie sich also nicht, wenn Sie hier und da ruppig behandelt werden. Vor allem in den gut gefüllten Pintxo-Bars am Abend ist ein rauer Ton gang und gäbe. Auch über die vielen benutzten Papierservietten und Krümel unter dem Tresen sollten Sie sich nicht empören. Das ist kein Zeichen für eine schlechte Bar, sondern Teil der Kultur. Nachdem man seinen Pintxo an der Bar gegessen hat, lässt man die Überreste einfach runterfallen. Später wird alles weggefegt und der Gastraum für den nächsten Tag vorbereitet.

Es ist Pintxo-Pote-Nacht!

Am frühen Donnerstagabend herrscht in der Calle Zabaleta in Gros absoluter Ausnahmezustand. Halb San Sebastián scheint hierher zu pilgern, denn in dieser Straße reiht sich eine Pintxo-Bar an die nächste. Der Deal: ein Häppchen und ein Getränk nach Belieben für 2 €. Am besten schlen-

Alleine essen macht keinen Spaß! Probieren Sie doch mal die historische Pintxo-Tour von Urban Adventures aus – diese drei Stunden Ihres Lebens werden Sie so schnell nicht vergessen. Ihr Guide erzählt fesselnde Geschichten über die Stadt und begleitet Sie in Pintxo-Bars, die Sie vielleicht selbst nie gefunden hätten. Zum extravaganten Menü gehören etwa in Wermut eingelegte Oliven, Camembert in einer Mohnhülle und Schiffchen mit Babycalamari. Während Sie sich die Häppchen im Munde zergehen lassen, erfahren Sie alles über die Komposition der Pintxos. Diese Tour gehört auf Ihre To-do-Liste, wenn Sie Land und Leute kennenlernen wollen (www.sansebastianurban adventures.com).

Cityplan Karte 2, C–E 1/2 | **Bus** 8, 14, 17, 29, 33, 40, 41: G. Vía–G. Nagusia 27

KULINARISCHES FÜR ZWISCHENDRIN

Bergara ❶: Calle del General Artetxe, 8, T 943 27 50 26, tgl. 10–23 Uhr

Gora Bera ❷: Calle Bermingham, 5, T 687 52 28 68, Mi–Mo 11–16.30, 19–24 Uhr

La Gaviota ❸: Calle Zabaleta, 53, T 943 24 66 79, tgl. 9.30–24 Uhr

NOCH IMMER NICHT SATT?

Die französisch angehauchte **Pastelería Le Pariès ❹** (Plaza de Euskadi, 1, T 685 75 24 31, tgl. 8/9–20 Uhr) am Flussufer hat die besten süßen Sünden

der Stadt. Cremetörtchen, Schokolade, Éclairs …

NOCH IMMER NICHT MÜDE?

The Caledonian ❶: Plaza de Colón, 27, T 619 80 07 98, Mo–Fr 10–4.45, Sa 11.30–6.15, So 12–4.45 Uhr

Ondarra ❷: Avenida de la Zurriola, 16, T 943 29 74 54, Di–So 11–1 Uhr, häufig Livemusik und Open-Mike-Events (Programm siehe Facebook)

Zibibbo ❸: Plaza Sarriegui, 8, T 943 42 53 34, Mo–Mi 9–23.30, Do 9–0.30, Fr, Sa 9–2.30, So 9–23 Uhr

---

Ü
ÜBRIGENS

Milch to go … Einsam steht ein blauer Container auf der **Plaza del Txofre** . Was mag nur drin sein? Für nur 1 € pro Liter können Sie hier frische Milch selbst zapfen. Die Idee stammt von einem baskischen Familienunternehmen, das ein paar Container im Umland verteilt hat. Ihre Milch ist frisch und günstiger als die aus dem Supermarkt. Ein weiterer Wagen steht auf der Plaza Easo.

dert man von Bar zu Bar und probiert sich durch. Die Portionen sind überschaubar und jede Bar hat ihren hauseigenen Gaumenschmaus. Im **Gora Bera ❷** müssen Sie die Pilze probiert haben, in der **Bar La Gaviota ❸** unbedingt die *patatas bravas* (Kartoffelecken mit Sauce). Das fröhliche Festessen startet direkt nach Feierabend ab ca. 19 Uhr und dauert bis 23 Uhr an. Wer mehr Wert auf eine stilvolle Verköstigung legt, der spaziert nach Feierabend zum Mercado San Martín (▶ S. 53). Für 2 bis 3 € pro Pintxo und Getränk bekommt man dort, beim sog. Gastro Pote, qualitativ bessere Weine und Biere. Das Publikum ist etwas reifer als im studentischen Stadtteil Gros.

Für Party People

Noch nicht müde? Lust auf Salsa und Bachata? Dann auf ins **Caledonian ❶**. In der **Bar Ondarra ❷** oder im **Zibibbo ❸** können Sie den Abend bei Reggeaton-Musik ausklingen lassen.

Kultur statt Kippen –
Tabakalera

 # 9

Bis 2003 wurden in der Tabakalera noch fleißig Zigarren produziert, dann wurde die Tabak- industrie in Spanien privatisiert und einige Fabriken, wie die in San Sebastián, mussten ihren Betrieb einstellen. Kreativ wie die Donos- tiarra sind, verwandelten sie die einstige Fabrik in ein Zentrum der modernen Kulturszene – mit Kunstausstellungen, Ballettaufführungen, Gra- tis-Kinovorführungen und Mitmach-Restaurants. Chapeau, Donosti!

Die 1878 gegründete und letztlich 1913 eröffne- te **Tabakfabrik** 1 war ursprünglich ein riesiger Er- folg, besonders in den 1920er-Jahren. San Sebas- tián besaß nun ein edles Tabakhaus, in dem fast ausschließlich Frauen beschäftigt waren. 2003 begann man, die Maschinen zu demontieren und alles zu beseitigen, was an die Zigarrenproduk- tion erinnerte. Die Umbaumaßnahmen konnten beginnen. Dank der Wiedereröffnung im Jahr 2015 besitzt die Stadt nun ein großes Kulturzen- trum für Jung und Alt.

▶ INFOS

Infos rund um das Programm gibt es unter www.tabakalera.eu.

Was an das Terminal eines Flughafens erin- nert, ist der futuristische Eingangsbereich der alten Tabakfabrik.

Ein Haus des Austausches

Das Gebäude birgt heute mehrere Kinosäle, eine Dachterrasse, diverse Räume für Workshops, Bibliotheken, Ausstellungsräume für wechselnde Kunstausstellungen und ein Hotel. Die Einwohner San Sebastiáns nutzen die Räumlichkeiten aber auch für Nachhilfeunterricht oder um in Ruhe ein Buch zu lesen. Sprachaustauschabende finden hier statt und an manchen Tagen ist der Kinobesuch gratis. Es lohnt sich, die Internetseite des Kulturhauses im Hinblick auf kostenlose Ausstellungen oder Filmvorführungen regelmäßig zu checken.

Ü
ÜBRIGENS

Von der Dachterrasse aus haben Sie einen besonderen Blick auf die Stadt, den Kursaal und die Brücke María Cristina.

Das Leuchten zu Weihnachten

Auf dem Weg von der Tabakalera in Richtung Kursaal laufen Sie am rechten Ufer des Flusses Urumea entlang. Ein entspannter, von Bäumen umsäumter Weg mit Blick auf die prunkvolle Häuserfassade, das luxuriöse Hotel María Cristina (▶ S. 36) und

→ UM DIE ECKE

Sie sind mindestens eine Woche in der Stadt und wollen die Einheimischen nicht immer auf Englisch ansprechen müssen? Was halten Sie von einem kleinen Crashkurs in Sachen Spanisch? In kleinen Gruppen mit anderen motivierten Reisenden und sehr engagierten Lehrern macht das Lernen richtig Spaß. Und es bringt Sie weiter: Schon nach nur einer Woche Intensivkurs können Sie erste Konversationen mit den Donostiarra führen, im Restaurant bestellen und Smalltalk machen. Die sympathische **Sprachschule Lacunza** ❶ zwischen Busbahnhof und Parque Cristina Enea bietet aber noch weitaus mehr: Damit ihre Sprachschüler den Aufenthalt in San Sebastián in vollen Zügen genießen und eine einmalige Zeit in der Stadt verbringen können, werden die ganze Woche über allerlei Freizeitaktivitäten angeboten, u. a. Surf- und Salsa-Unterricht, Kochkurse, Pintxo- und Sprachaustauschabende. Außerdem kann man sich seinen kompletten Aufenthalt planen lassen. Von der Abholung am Flughafen bis hin zur Unterbringung in einer Gastfamilie nach Wunsch. Preiswert und sehr empfehlenswert. In der familiären **Sprachschule El Aula Azul** ❷ im Zentrum profitieren Sie von kleineren Gruppen und Crashkursen ab 80 €/Woche.

das Teatro Victoria Eugenia (▶ S. 37). Des Öfteren finden im Sommer an der Uferpromenade lokale Märkte und im Winter San Sebastiáns lauschiger Weihnachtsmarkt statt. Dann werden dort leuchtende Quader aufgehängt, die den Eindruck erwecken, als würden sie über dem Fluss schweben.

Die Eleganteste von allen

Die **Puente de María Cristina** 2 ist ein beeindruckendes neobarockes Bauwerk aus dem Jahr 1905, das zum Gedenken an die spanische Herrscherin María Cristina errichtet wurde. Sie verbindet das Zentrum mit dem Stadtteil Egia. Stilistisch erinnert sie an die prunkvolle Brücke Pont Alexandre III in Paris. Ein besonderes Merkmal sind die insgesamt vier Pylonen mit Reiterstandbildern, die den Abschluss der Brücke markieren. Sie passieren das Bauwerk automatisch, sofern Sie am Busbahnhof ankommen und in Richtung La Concha und Buen Pastor laufen wollen. In der anderen Richtung liegt Egia, ein ruhiges Viertel mit vielen Wohnhäusern, steilen Straßen und dem Stadtpark Cristina Enea.

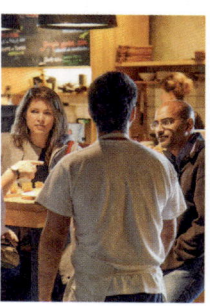

Eigentlich muss man die Tabakalera gar nicht mehr verlassen, denn es gibt hier alles: ein Kulturzentrum mit Kino und Ausstellungsräumen, ein Hotel, eine Bibliothek und auch ein Café!

INFOS/ÖFFNUNGSZEITEN

Tabakalera 1: Plaza Andre Zigarrogileak, 1, T 943 11 88 55, www.tabakalera.eu, Di–Sa 10–20, So 10–14 Uhr

HOLA – AKTIV LERNEN

Lacunza ❶: Calle Mundaiz, 8, www.lacunza.com, Mo–Do 8.30–19, Fr 8.30–18 Uhr
El Aula Azul ❷: Calle San Martín, 50, www.elaulaazul.com, Mo–Fr 9–16 Uhr

PIANOMUSIK ZUR PIZZA

In der **Bar Taba** ❶ (Paseo del Duque de Mandas 46, Mo–Do 8–22.30, Fr 8–23, Sa 9–23, So 9–22 Uhr, ein Stück Pizza ab 2,50 €) in der Tabakalera erwarten Sie ausgezeichnete Speisen. Neben Snacks, leckerer Pizza und vegetarischen Burgern gibt es auch Feines für die Ohren: Ein Flügel steht mitten im Restaurant und bietet den Hobbypianisten San Sebastiáns die Möglichkeit, vor Publikum zu spielen.

Cityplan Karte 2, C/D 4/5 | **Bus 9, 41:** Tabakalera

WunderBar –
Reyes Catolicós

Der beste Cappuccino, exotische Biere und der allererste Pintxo überhaupt – das und mehr versteckt sich hinter der mächtigen Kathedrale Buen Pastor in der Calle Reyes Catolicós. Sie ist der Geheimtipp unter den Barstraßen und perfekt, um einen lauschigen Sommerabend zu verbringen.

Natürlich verleitet die lebendige Altstadt dazu, abends das eine oder andere Bier zu trinken. Versteckter und intimer, eben auf Donostiarra-Art, den Feierabend genießen, können Sie in der **Calle Reyes Catolicós** 1 (der Name bezieht sich auf die Katholischen Könige, Isabella II. und Ferdinand II.). Sie beginnt auf der Rückseite der Kathedrale Buen Pastor und endet an der Calle Prim kurz vor dem Flussufer. In der Fußgängerzone gibt es rechter und linker Hand insgesamt elf Bars. Darunter befindet sich, ganz unauffällig, die Geburtsstätte des Pintxos.

Scharfe Gilda

Der erste Pintxo überhaupt hieß La Gilda. Es gibt ihn noch heute: Er besteht aus einer Olive, einer

Reinemachen nach dem Fest … Ob im ›Guten Hirten‹, wie die Kathedrale Buen Pastor auf Deutsch heißt, zwei Liebende den Bund fürs Leben geschlossen haben?

in Essig eingelegten Peperoni und einer Anchovis. Interessante Kombination? Grün, salzig, scharf. Im Jahr 1940 pflegte der Baske Txepetxa regelmäßig seine Stammkneipe **Casa Vallés** ❶ in der Calle Reyes Catolicós aufzusuchen. Dort wurden zum Getränk wie üblich Oliven, Peperoni und Anchovis separat gebracht. Txepetxa nahm sich einen Zahnstocher, spießte die drei Zutaten nacheinander auf und verspeiste sie. Die anderen Gäste taten es ihm gleich. Zur selben Zeit erschien im Kino der Film »Gilda«. Die Hauptrolle in dem Streifen spielte Rita Hayworth, die wegen ihrer verruchten, freizügigen Art damals in aller Munde war. Schnell hatte sie den Titel ›scharfe‹ Frau weg. Der Figur Gilda aus dem Film verdankt Txepetxas scharfer Pintxo seinen Namen. Pintxo übrigens kommt von dem spanischen Wort *pinchar,* auf Deutsch »aufspießen«.

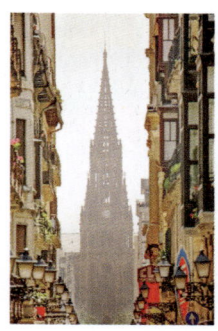

Von fast jedem Ort in der Stadt ist der 75 m hohe Turm der Kathedrale Buen Pastor zu sehen – selbst bei diesigem Wetter.

TrinkBar

Das **Old Town Coffee** ❷ in der Reyes Catolicós ist ein kleines verstecktes Café, das gern übersehen wird. Auf keinen Fall dürfen Sie sich hier jedoch den Cappuccino entgehen lassen, denn er ist mit Abstand der beste der ganzen Stadt, finde ich. Zudem sind die Inhaber kreativ und organisieren regelmäßig Karaoke- und Sushi-Abende oder kleine Livekonzerte. Die **Bar Udaberri** ❸ nebenan punktet mit ihrer saftigen Tortilla und der Old-School-Einrichtung. Im **Pub Drop** 🍺 am Ende der Straße gibt es interessante Biersorten, vorrangig aus den Niederlanden, Belgien, Deutschland und Spanien. Bestellen Sie das Bier nicht mit Namen, sondern der Zahl vom Fass. Die Zapfhähne sind von eins bis zehn durchnummeriert.

Guter Hirte

Willkommen in der größten Kirche der Stadt! Im Herzen San Sebastiáns hockt der ›Gute Hirte‹, auf Spanisch **Buen Pastor** 🔲2, mit seiner 75 m hohen Kirchturmspitze, die von fast überall aus der Stadt zu sehen ist. Was er da macht? Er sieht einfach wunderbar aus. Besonders abends, wenn er von allen Seiten beleuchtet wird. Manuel de Echave entwarf die kreuzförmige neogotische Kathedrale, die 1897 eingeweiht wurde. Können Sie sich vorstellen, was die Kathedrale mit dem Hausberg Igueldo gemeinsam haben könnte? Die beim Bau des Gotteshauses verwendeten Sandsteinquader

Unweit der Kathedrale, auf dem Weg zur María-Cristina-Brücke (▶ S. 49), treffen Sie auf einen hübschen Springbrunnen an der charmanten **Plaza de Bilbao** 🔲5, die mit ihren Bänken zum Verweilen einlädt.

GUTES ESSEN UND TRINKEN

Bar Casa Vallés ❶: Calle Reyes Catolicós 10, T 943 45 22 10, www.barvalles.com, Mo–So 9–23 Uhr, Pintxos ab 1,60 €

Old Town Coffee ❷: Calle Reyes Catolicós, 6, T 615 84 07 53, Mo–Sa 9–21, So 9–14.30 Uhr

Bar Udaberri ❸: Calle Larramendi, 8, T 943 45 15 38, tgl. 10–23.45 Uhr, Pintxos ab 2,50 €

Caravanserai Café ❹: C. S. Bartolomé, 1, T 943 47 54 18, www.caravanseraicafe.com, Mo–Do 8.15–24, Fr, Sa 8.15–1, So 10.30–24 Uhr, Hauptgerichte ab 5 €

Pub Drop ✳: Calle Reyes Catolicós, 18, Mo–Do 16–24, Fr, Sa 12–4 Uhr

INFOS/ÖFFNUNGSZEITEN

Catedral del Buen Pastor ❷: Calle Urdaneta, 12, T 943 46 45 16, Eintritt frei

Kulturzentrum Koldo Mitxelena ❸: Calle Urdaneta, 9, T 943 11 27 60, kmk.gipuzkoakultura.eus, Mo–Fr 8.30–20.30, Sa 8.30–14 Uhr

FÜR SCHARFE ZUNGEN

Im mexikanischen Imbiss **Taquería El Cabrón** ❺ (Calle de Sánchez Toca, 2, T 943 47 78 44, www.taqueriaelcabron.com, Mo–So 13–15.45, 19.30–22.30 Uhr, ab 3,50 €) bekommen Sie Klassiker der Landesküche – Tacos, Burritos und Quesadillas – zum kleinen Preis.

Cityplan Karte 2, B 4/5 | **Bus** 5, 16, 18, 19, 25, 40, 45: Buen Pastor

stammen vom Monte Igueldo. Der Platz, der den Buen Pastor umgibt, lädt dazu ein, die prachtvolle Kathedrale in Ruhe zu bewundern.

Auf gute Nachbarschaft!

Musikgeschäfte, Vintageläden, Eisdielen und das **Caravanserai Café** ❹ sind die Nachbarn des Buen Pastor. Außerdem liegen auf der Rückseite der Kathedrale zwei weitere Prachtbauten. Bei dem einen handelt es sich um ein **Kulturzentrum** ❸ mit ausladender Bibliothek, bei dem anderen um das **Postgebäude** ❹, von dessen Außenwänden grün-metallische Löwenköpfe brüllen … Der Grund dafür? Ihre Mäuler sind leicht geöffnet, damit Briefe hindurchpassen. In dem aufwendig dekorierten Wüsten-Restaurant Caravanserai erwarten Sie neben einem lebensgroßem künstlichen Kamel leckere Quesadillas, Tacos und Burger. Das Restaurant ist auch bei Vegetariern sehr beliebt, weil es die meisten Gerichte auch als Tofu-Variante gibt.

Briefmarke drauf und ab die Post ins Löwenmaul

Ein super Markt –
Mercado San Martín

 # 11

Einkaufen, zum Essen bleiben und feiern! Der Mercado San Martín ist wahrlich kurios. Überspannte Clubatmosphäre mit strenger Türpolitik adé, ungezwungene After-Work Party im Supermarkt – aber hallo! Der junge Student hat hier genauso viel Spaß wie der Rentner, der überraschend agil einen spontanen Boogie auf das Marktparkett legt.

Gastro Pote: Pintxos ohne Ende

Eigentlich handelt es sich beim **Mercado San Martín** 1 um einen ganz normalen mittelgroßen spanischen Supermarkt im Zentrum der Stadt. Klingt nicht besonders spannend? Abwarten. Am Donnerstagabend endet der kommerzielle Nahrungsmittelverkauf im Untergeschoss, alle Fleisch-, Käse- und Obstwaren werden zur Seite geräumt und stattdessen Tresen mit Pintxos, Sushi, Wein und Bier aufgebaut. Gastro Pote steht an (▶ auch S. 46)! Mitten in der Markthalle wird außerdem eine Bühne installiert, auf der

▶ INFOS

Infos rund um den Markt gibt es unter: www.mercadosanmartin.es.

Donnerstags erkennt man den Mercado San Martín nicht wieder. Beim abendlichen Gastro Pote geht es ordentlich ab.

Und wer drinnen keinen Platz mehr bekommt, trinkt, isst und unterhält sich draußen vor der Markthalle. Das Wetter spielt ja meist mit …

lokale Bands bis 22 Uhr ihr Können zum Besten geben und die Besucher unterhalten. Bei einem Glas Weißwein trifft man sich mit seinen Freunden und Arbeitskollegen, lacht, wippt zur Musik und macht neue Bekanntschaften – schneller, als ein Sushi-Pintxo vertilgt ist. Das Schöne: Die Pintxo-Nacht findet das ganze Jahr über statt.

Made in San Sebastián

Denken Sie an Ihre Liebsten zu Hause und beglücken Sie sie mit besonderen Mitbringseln baskischer Art, die es hier gibt. Für die Freundin eine Flasche Txakoli, einen sehr trockenen, leicht moussierenden baskischen Weißwein, oder einen Idiazabal-Käse mit Membrillo (Quittengelee) für den Lieblingsnachbarn? Für den Vater luftgetrockneten Schinken und für die Schwester Sidra (Apfelwein)? Garantiert freuen sich nicht nur Ihre Liebsten, sondern auch die Donostiarra, denn sie leben vom Verkauf lokaler Produkte und sind obendrein stolz, wenn Besucher ein Stück San Sebastián mit nach Hause nehmen.

Da spielt die Musik

Wollen Sie wissen, wo die Einheimischen abends ausgehen? Wo man über den Dächern der Stadt zu guter Jazzmusik an einem Cocktail nippen kann? Im hübschen Hinterhof Swing tanzen oder in einer kuscheligen Grotte bis in die frühen Morgenstun-

→ UM DIE ECKE

Bei **Emaús** 🅸 gibt es Secondhand-Ware für einen guten Zweck. Unweit der Plaza Easo findet sich ein großer Laden, der Unmengen von Schuhen, Männer- und Damenmode, Bücher, Möbelstücke, Schmuck und Geschirr aus zweiter Hand verkauft. Die Einnahmen werden übrigens für einen guten Zweck gespendet.

den verweilen kann? Dieser Ort nennt sich **A Room in the City** 🏠 (▸ S. 81) und ist seit 2016 ein Event Hostel. Das einstige Kloster ist wegen seiner exklusiven Lage bei Urlaubern und Donostiarra gleichermaßen beliebt. Neben Konzerten, Kunstausstellungen und Tanzveranstaltungen stehen auch Aktivitäten wie Pintxo-Kochkurse, Sidra-Verkostungen, Strandläufe u. v. m. auf dem Programm. Das Personal ist sehr freundlich und hilfsbereit und immer für ein nettes Gespräch zu haben.

Geld gespart

Das Hostel veranstaltet jeden Donnerstag um 19 Uhr eine kostenlose Pintxo-Tour für seine Gäste, Pintxos und Getränke zahlt man selbst. Ein Mitarbeiter nimmt Sie mit ins Getümmel und zeigt Ihnen diverse Pintxo-Bars und deren Spezialitäten.

INFOS/ÖFFNUNGSZEITEN

Mercado San Martín 🟥1: Calle Urbieta, 9, Mo–Sa 8–20 Uhr
A Room in the City 🏠: Calle Easo, 20, www.aroominthecity.eu, ab 19 €/Nacht in geteiltem Schlafsaal (4–12 Betten), ab 50 €/Nacht in 2er- bzw. 4er-Zimmern
Emaús Fundación Social EkoShop Amara 🟩1: Plaza Centenario, 3, T 943 47 08 26, www.emaus.com, Mo–Fr 10–13.30, 16–19.30, Sa 10–13.30 Uhr
Organic 49 🟩2: Calle Urbieta, 49, Mo–Sa 9.30–20.30 Uhr

IDEAL FÜR EINE PAUSE

Café IruBi 🟠1: Calle San Martín, 48, T 943 46 66 61, Mo–Fr 7.30–20, Sa 8–20, So 8–14 Uhr

CHARMANTE EINKEHRADRESSEN

Das **Café Pirpira** 🔴2 (Plaza Easo, 5, T 943 05 13 40, Mo–Fr 8–22, Sa, So 10–23 Uhr) ist mit schönen Möbeln aus zweiter Hand bestückt und versprüht dadurch einen gewissen Vintage-Charme. Das quietschbunte

Café La Casita de Caramelo 🔴3 (Calle Pedro Egaña, 6, T 943 019 313, www.lacasitadecaramelo.com, Mo–Fr 8.30–21, Sa 9.30–21 Uhr) begeistert mit Törtchen und Keksen in Regenbogenfarben – ganz wie aus dem Bilderbuch.

ÜBRIGENS

Das Leben in Spanien spielt sich auf der Straße ab, *en la calle.* Der typische Baske ist selten zu Hause, sein Kühlschrank ist üblicherweise leer. Schon das Frühstück, das nur aus Kaffee und einem Croissant besteht, wird im Stehen eingenommen. Später werden dann in einer Bar bei einem gemütlichen Plausch die ersten Pintxos verdrückt, dazu eine *caña* (ein Bier) getrunken. Nahrungsaufnahme und sozialer Austausch gehören unabdingbar zusammen. Das bedeutet aber nicht, dass jede Nacht bis in die Puppen getanzt wird. Man bleibt eben so lange, wie man lustig ist. Das gilt übrigens für Jung wie für Alt.

Zu Beginn der Führung gibt es ein kleines Kennenlerngespräch und ein Glas Sidra aufs Haus. Die kulinarische Führung ist insbesondere für Alleinreisende eine gute Möglichkeit, neue Leute kennenzulernen (die Teilnehmer sind ca. 20 bis 30 Jahre alt). Eine höherklassige Pintxo-Tour kostet Sie im Tourismusbüro ca. 75 € pro Person, Speisen und Getränke inklusive. Auf solch einem Trip lernt man meist nicht nur die Pintxos, sondern auch das eine oder andere Wort Baskisch kennen.

Was kostet ein Kaffee auf Baskisch?

Alle Wege führen nach San Sebastián, zumindest die der Sprachforscher. Einmalig zweisprachig unterhalten sich die Basken miteinander. Spanisch, Baskisch, Baskisch, Spanisch. So geht es gern mal hin und her innerhalb eines Satzes. Dabei sind sich die beiden Sprachen nicht im Geringsten ähnlich. Im Spanischen etwa sagt man *gracias,* um sich zu bedanken, im Baskischen *eskerrik asko.* Die spanische Begrüßung *hola* kennen wir vermutlich alle, das baskische *kaixo* dagegen klingt fremd. Es lohnt sich aber auch finanziell, einige baskische Wörter im Sprachrepertoire zu haben. In dem einen oder anderen Café bekommt man sein Getränk beispielsweise günstiger, wenn man es auf Baskisch bestellt, so im **Café IruBi** ➊ in der Calle San Martín. Abgesehen von dem günstigen Kaffee hat das Café eine schöne Auswahl an Büchern und Zeitschriften, die man sich kostenlos ausleihen und auch mitnehmen kann (bitte vorher fragen!).

> ➔ UM DIE ECKE

Vegetarier und Veganer haben es in Spanien gar nicht so leicht, viele Gerichte werden mit Fleisch oder Fisch zubereitet. Ähnlich ist es auch in San Sebastián. Dennoch ist ein gewisser Trend in Richtung bewusste Ernährung zu erkennen und die ersten Bioläden haben Fuß gefasst. Einer davon, **Organic 49** ➋, liegt in der Calle Urbieta, ein anderer an der **Plaza Easo** ➋, die auch Endstation für Zugreisende ist. Ab und an finden hier musikalische Events statt oder auch Tanzaufführungen im Pavillon. Der ruhige Platz mit den vielen Restaurants und hübschen Blumenarrangements erinnert wegen der umliegenden Gebäude im Belle-Époque-Stil sehr an Paris.

Die Diva unter den Stränden – **La Playa de la Concha**

Die Concha ist Dauergast in den Top-Ten-Strand-Charts. Sind es die perfekten Rundungen, die an eine Muschel erinnern, denen sie ihre Einzigartigkeit verdankt? Oder doch der feine Sand und die beiden Felsmassive Urgull und Igueldo, die sie so majestätisch bewachen? Badelustige, Sonnenanbeter, Hundefreunde, Frisbeespieler, Kajakfahrer, Barfußjogger – sie alle wissen die Schönheit des Strandes zu schätzen und sind ihm treu, an guten wie an Schlechtwettertagen. ▼

San Sebastiáns längster Strand lockt Jahr für Jahr unzählige Besucher an. Feiner Sand, ruhiges Wasser, der Blick in die Bucht … Um es kurz zu machen: Er ist einfach wunderschön. In den Sommermonaten füllt sich der Strand, der seinen Namen, *concha* (dt. Muschel), seiner Form verdankt, bereits ab 10 Uhr früh. Ab Mittag liegen sie hier dicht an dicht, Handtücher und eingeölte Körper.

Auf dem Weg zu den Wellen … Andernorts transportiert man seine Kinder oder Einkäufe auf dem Rad, in der Surferstadt San Sebastián sein Brett – was denn sonst?

Auslauf

Besonders atmosphärisch wird es erst gegen Abend, wenn sich der Strand leert und man der Sonne zusehen kann, wie sie langsam im Meer verschwindet. Danach einen romantischen Spaziergang mit dem oder der Liebsten machen und die Bötchen in der Bucht beobachten – märchenhaft. Im Winter ist **La Concha 1** zwar weniger attraktiv für Badegäste, dafür umso mehr für Hundebesitzer, die sich mit ihrem Vierbeiner hier so richtig austoben können.

Wunderschöne Belle-Époque-Architektur: La Perla

Leseratten an den Strand!

Unterhalb der Strandpromenade erstreckt sich eine zweite Ebene, die komplett von der Sonne geschützt ist. Dort findet man neben einem Kiosk auch Schließfächer, einen **Kajak- und Surfbrettverleih 1** und eine kleine Bibliothek. Bücherwürmer müssen den Sommer nicht mehr unbedingt im stillen Kämmerlein verbringen, sondern können ihrem Hobby jetzt auch am Strand nachgehen,

INFOS/ÖFFNUNGSZEITEN

Sommerbücherei 2: La Playa de la Concha, unter der Balustrade und den großen Uhren, 15. Juni–15. Sept., Mo–So 11–19.30 Uhr, Nutzung kostenlos
La Perla Centro Talaso-Sport 3: Paseo de La Concha, T 943 45 88 56, www.la-perla.net, Mo–So 8–21.40 Uhr, 25. Dez. und 1. Jan. geschl., Massagen

ab 36,50 €/25 Min., Paket Gastronomie, Entspannung und Wohlfühlen (Menü im Restaurant, Nutzung des Spa-Bereichs und Massage/Schlammbehandlung) ab 102 €. Badeanzug/Badehose mitbringen, Handtücher kann man ausleihen.
Kajak- und Surfbrettverleih 2: Calle de la Concha, 6 (unterhalb der Promenade), T 943 42 11 33, Kajak und SUP-Board ab 12 €/Std.
Stand-up-Paddle-Verleih 2: C. D. Fortuna, Pio Baroja, 47, T 943 21 49 00, www.cdfortunake.com, 1. Juli–30. Sept. Mo–So 13–20 Uhr, Brett ca. 12 €/Std.

BEI WIND UND WETTER …

Im **Café de La Concha 1** (www.cafedelaconcha.com) im Gebäudekomplex La Perla am La-Concha-Strand sitzt man sehr gemütlich bei Kaffee und Kuchen zusammen. Bei schlechtem Wetter haben Sie vom Wintergarten aus immer noch eine tolle Sicht auf das Meer – und bleiben dabei trocken.

Cityplan E/F 4 | **Bus** 5, 16, 18, 25, 33, 40, 45: La Perla

Auf dem grünen, nicht auf dem roten Teppich sitzt man am La-Concha-Strand gemütlich im Schatten und kann sich durch die Sommerbücherei blättern.

denn unterhalb der Balustrade des La-Concha-Strandes liegt eine **Sommerbücherei 2**! Das schattige Plätzchen bietet eine willkommene Abwechslung zum Sonnenbad und man kann dort ganz entspannt Romane wälzen. Täglich um 17 Uhr können Sie einem Geschichtenerzähler lauschen und jeden Freitag und Samstag um 12 Uhr Brettspiele spielen.

Schlammschlacht

La Perla 3 – dahinter verbirgt sich Salzwasser, Schlamm und ganz viel Geschichte. Das größte europäische Thalassozentrum mit Spa-Bereich wurde 1912 an der Stelle erbaut, wo zuvor hölzerne Thermen gestanden hatten. Isabella II. ließ sich hier einst auf einer Trage ins Meer bringen, um im salzigen Wasser ihre erkrankte Haut zu pflegen. Nach einigen baulichen Änderungen wurde der Spa-Bereich 1995 wiedereröffnet. Seither werden hier Einwohner und Besucher San Sebastiáns mit verschiedenen Schönheits- und Wohlfühlbehandlungen verwöhnt. Zum Komplex gehört das Restaurant gleichen Namens, La Perla, ein großzügiger Spa-Bereich, ein Fitnessstudio, ein Burger-Restaurant und die Bar El Perlón. Das **Café de La Concha 1** und die Diskothek Bataplan liegen zwar im gleichen Gebäude, gehören aber nicht zu La Perla. Ich empfehle Ihnen, sich mindestens drei Stunden Zeit zu nehmen und Ihrer Haut ein komplettes Wohlfühlpaket zu gönnen. Dieses umfasst salzige Blubberbäder, den Besuch in diversen Saunen und einen Sprung ins echte Meer. Danach lassen Sie Ihren Körper mit wohltuendem Schlamm einreiben. Abgerundet wird der Besuch mit einem leckeren Menü im Restaurant La Perla. Mein Highlight: warme Wasserbetten zum Entspannen nach dem Saunieren. Das tut gut!

Das **Stand-up-Paddling 2**, kurz SUP, ist vor ein paar Jahren so richtig in Mode gekommen. Was aus der Ferne betrachtet unspektakulär aussieht, macht in der Praxis unglaublich Spaß: die Balance trainieren und dabei in der Sonne bräunen. Sowohl am Zurriola- (▶ S. 38) wie auch am La-Concha-Strand (▶ S. 57) können Sie die Bretter ausleihen. Probieren Sie es aus, es ist ganz einfach und die perfekte Beschäftigung an einem heißen Sommertag.

13

Forschen im antiken San Sebastián – **das Antiguo-Viertel**

Vor gut 1000 Jahren siedelten sich die ersten Bürger in Antiguo an, dem heute ältesten Stadtteil San Sebastiáns. Etwas abseits von der geschäftigen Altstadt tummeln sich hier vorzugsweise Studenten und Einheimische in den Gassen. Forschungsgebäude, Cafés und Kirchen dominieren das Viertel. Ein Gebäude sticht dabei als architektonisches Meisterwerk besonders hervor. Es erinnert an ein Klavier …

Im MiramArt-Tunnel, der vom Ondarreta- zum La-Concha-Strand führt, fühlt man sich wie in einer Unterwasserwelt.

Wo sich die Geister scheiden

Nicht etwa die Altstadt am Fuß des Monte Urgull, sondern das vom Monte Igueldo beschützte Antiguo ist der Ursprung San Sebastiáns. Vor vielen hundert Jahren noch ein Viertel mit dörflich-bäuerlichem Charakter, hat es sich inzwischen zu einer Hochburg für Studenten und Wissenschaftler gemausert. Neben dem Universitätsgebäude steht hier auch der **Musikene** **1**, die Hochschule für Musik des Baskenlandes. Das Gebäude, das an ein überdimensioniertes Klavier erinnern soll, gilt als architektonisches Meisterwerk der Architekten GAZ Arquitectos. Der hypermoderne pechschwarze Koloss mit den asymmetrisch angeordneten Fenstern und echter Goldummantlung gewann im Jahr 2016 dank seiner außergewöhnlichen Optik den Preis des spektakulärsten Gebäudes im Baskenland.

Durch das Herz Antiguos ...

… führt die **Calle de Matia** **2**, die mit diversen lokalen Geschäften, Cafés, Restaurants, Bars, Blumen- und Feinkostläden bestückt ist. Sie eignet sich prima für einen kurzen Stadtbummel abseits des Geschehens. Wenige Touristen verirren sich hierher, dafür sieht man Einheimische, die durch die kleinen Geschäfte bummeln. Schauen Sie in die traditionelle Tortenbäckerei **Aramendia Pasteleriak** **1** und probieren Sie ein baskisches Törtchen. Bezeichnend für das Wohngebiet sind außerdem die schönen Villen, die nicht nur im Zentrum des Viertels stehen, sondern sich bis auf die Anhöhe des Monte Igueldo verteilen.

Trockenen Fußes von Meer zu Meer

Antiguo befindet sich ganze 2 km von der Parte Vieja (▶ S. 20), der Altstadt, entfernt. Spazieren Sie an der Strandpromenade entlang und durch den in Farben des Meeres bemalten kurzen **Miram-Art-Tunnel** **3**, der die Strände La Concha und Ondarreta verbindet, in Richtung Antiguo. Die fluoreszierende Röhre ist dafür gedacht, dass Sie auch an stürmischen Tagen trocken ans Ziel kommen. Besonders schön ist der Tunnel bei Nacht, denn dann werden die Wände beleuchtet und die Unterwasserwelt kommt so richtig zur Geltung. Bei Ebbe können Sie die ganze Strecke auch direkt unten am Strand ablaufen, am **Pico del Loro** **4** (dt. Papageienschnabel) vorbei. Der Felsvorsprung ist ein besonders atmosphärisches Fotomotiv. Tatsächlich hat sein Name nichts mit einem Papagei zu tun. Ursprünglich stand hier eine Kapelle zu Ehren der Jungfrau von Loreto, die später dem Königspalast

Lust auf Salsa? Jeden Mittwochabend veranstaltet das **Tanzstudio DOKA** **1** in Antiguo eine Salsa-Tanzstunde für lau. Eine Voranmeldung ist nicht notwendig. Berührungsängste sind im DOKA fehl am Platz: Man kommt einfach hinzu, tanzt gemeinsam im Kreis und lernt zu Beginn unkomplizierte Salsa-Schritte, bevor man mit einem Partner tanzt.

ÜBRIGENS

Während der Semana Grande (▶ S. 73) im August wird an der Playa de Ondarreta eine große Leinwand aufgebaut. Jeden Abend nach dem Feuerwerk kann man kostenlos einen Kinofilm unter freiem Himmel und mit dem Meer im Rücken ansehen. Gespielt werden aktuelle Filme und Klassiker auf Spanisch und Englisch mit Untertiteln. Für das genaue Programm lohnt sich ein Blick auf die Website (agenda.diariovasco. com/evento/semana-grande-2018-cine-en-ondarreta-610036.html).

weichen musste. Der hübsche Ort änderte daher seinen Namen von Pico de Loretopea (bezog sich auf die Loreto-Kapelle) in Pico del Loro.

Der gute Geschmack der Königin

Oberhalb des Vorsprungs steht heute der **Palacio de Miramar 5**, die ehemalige Sommerresidenz Königin María Cristinas. Einst stand hier das Kloster des französischen Märtyrers Sebastian, dem die Stadt ihren Namen verdankt. Um das Kloster herum siedelten sich die ersten Bewohner an. Vom Kloster selbst ist jedoch nichts übriggeblieben.

María Cristina erkor den Palacio de Miramar (dt. Meerblick) mit der einmaligen Lage an der La-Concha-Bucht zu ihrem Rückzugs- und Erholungsort in San Sebastián. Das in Rot-Braun-Tönen gehaltene Anwesen liegt leicht erhöht über dem Tunnel, der das Zentrum mit dem Viertel Antiguo verbindet. Der englische Architekt Selden Womun entwarf es 1893 im englischen Landhausstil, sein spanischer Kollege José Goikoa fügte dem Bauwerk noch einige neobarocke Elemente hinzu. Die Pforten des Anwesens stehen Besuchern stets offen und der Garten ist der perfekte Ort für ein Picknick im Freien mit herrlichem Blick auf die La-Concha-Bucht. Der Palast selbst wird nur zu besonderen Anlässen wie Tagungen und den Sommervorlesungen für die Studenten der baskischen Universität UPV geöffnet.

Seit Ende Juli 2018, pünktlich zum 125-jährigen Geburtstag des rustikal wirkenden Palastes, werden regelmäßig Führungen für Touristen angeboten. In Spanisch, Englisch und Baskisch kann man einem 45-minütigen Rundgang durch das prächtige Schloss folgen und Anekdoten über die einstige Königin hören.

Ein unbekannter Strand

Die **Playa de Ondarreta 6** ist das Baby unter San Sebastiáns Stränden. Sie liegt direkt unterhalb des Monte Igueldo, hinter einem kleinen Park. Des Öfteren finden hier Sportevents statt, darunter Strandläufe und Kajaktouren. Die Ondarreta ist besonders bei Familien beliebt, denn für kleine Nichtschwimmer steht im Sommer ein Becken parat, in dem sie ihre ersten Schwimmzüge tun können. Das Meer ist meist ruhig und man kann den Kleinen beim Planschen im flachen Was-

Hübsch blau – maritimes Flair an der Playa de Ondarreta.

ser zusehen. Der Strand ist nicht so voll wie sein Nachbar La Concha, deshalb lassen sich hier auf angenehme Weise ein paar Stunden in der Bucht zubringen.

Lust auf ein Abenteuer?

Ab hier sind es nur noch 500 m bis zur Insel Santa Clara. Sie können einfach rüberschwimmen (▶ S. 67) – kein Problem. Unterwegs haben Sie die Möglichkeit, an einer der Schwimminseln Rast zu machen und von der Rutsche oder dem Sprungbrett wieder ins Wasser zu gleiten. Eine Alternative bietet die Überfahrt mit einem der Kajaks, die direkt am Strand vermietet werden.

Schwimmen mit Blick auf den Monte Igueldo.

INFOS/ÖFFNUNGSZEITEN

Musikene [1]: Plaza de Europa, 2, T 943 02 37 50, www.musikene.eus
Palacio de Miramar [5]: Paseo Miraconcha, 48, T 943 21 90 22, Mo–So 9–20 Uhr, Besichtigung Juli–Sept., ca. 45 Min, 3 €, Tickets online oder im Tourismusbüro erhältlich
DOKA Kafeantzokia [1]: Calle Erregezaintza, 20, www.doka.eus, Mi ab 22 Uhr

BESTE BÄCKEREI

Tortenbäckerei Aramendia Pasteleriak [1]: Calle de Matia, 18, T 943 22 76 63, http://casa-aramendia.com, Mo–Fr 7.30–21, Sa, So 8–21 Uhr

LAUSCHIG, LECKER, LOUNGIG

Eines der süßesten Cafés der Stadt liegt versteckt hinter der Universitätsbibliothek. Im **Café Etna** [2] mache ich es mir gemütlich, schmökere in meinen Lieblingsromanen, lausche der Lounge-Musik und esse dabei ein Stück Schoko-Bananen-Kuchen oder ein Brioche (Calle Andrestegi, 8, Mo–Fr 7.30–19.30, Sa 8–13.30, 16.30–19.30, So 8–13.30 Uhr).

Cityplan A–D 4–6 | **Bus** 5, 16, 24, 25, 33, 35, 40, 43, 45: Calle Tolosa

14

Achterbahn und französischer Charme – **Monte Igueldo**

Aus dem rasenden Waggon heraus … Wohl die spektakulärste Art, den Blick über San Sebastián schweifen zu lassen, bietet die uralte Achterbahn auf der Spitze des Monte Igueldo. Doch keine Angst, es gibt auch eine Option für Bodenständige. Von der Terrasse des Mercure Hotels aus hat man eine perfekte Sicht auf die gesamte Stadt. Und bei gutem Wetter lassen sich sogar die ersten französischen Croissants am Horizont erahnen.

▶ **INFOS**

Infos zum nostalgischen Vergnügungspark gibt es unter www.monteiguel do.es/organize-your-visit.

Fahrt auf dem Río Misterioso mit viel Aussicht!

Um den traumhaften Ausblick vom höchsten Punkt des Monte Igueldo genießen zu können, müssen Sie nicht zwangsläufig körperliche Strapazen auf sich nehmen. Schon seit 1912 fährt ein **rotes Holzbähnchen** 1 fleißig auf und ab. Fast senkrecht schraubt sich die nostalgische Standseilbahn in fünf Minuten nach oben – ein Erlebnis für sich und mit knapp 4 € hin und zurück durchaus erschwinglich und praktisch zugleich. Auf ihrem Weg durch das

INFOS/ÖFFNUNGSZEITEN

Funicular `1`: Plaza del Funicular, 4, T 943 21 35 25, tgl. 10–22 Uhr, fährt ca. alle 15 Min., 2,30 € einfach, 3,75 € Berg- und Talfahrt, Hunde, aber auch große Taschen 2,50 €. Die Talstation der Zahnradbahn ist mit der Buslinie 16 zu erreichen.

Parque de Atracciones `2`: Avenida del Igueldo, 187, T 943 21 35 25, www.monteigueldo.es/atracciones, Mo–So 11–20.30 Uhr, u. a. Achterbahn Montaña Suiza 2,50 €/Fahrt, Wasserbahn Río Misterioso 2 €/Fahrt, Preise für weitere Attraktionen wie das Labyrinth 1–5 €

Hotel Mercure `3`: Paseo del Faro, 134, T 943 21 02 11, www.monteigueldo. com, DZ ab 75 €

VOR ALLEM DER BLICK LOHNT

In dem hübschen Vintage-Themenpark gibt es neben einigen Zuckerwattebuden ein supermodernes Café mit schöner Aussicht über die gesamte Bucht, die **Karrusel Gastro Bar** `1` (Avenida del Igueldo, 187, www. monteigueldo.com/en, Stichwort ›Restaurant‹, dann weiter mit ›karrusel-gastro-bar‹, Mo–Fr 9–19 Uhr). Hier kann man prima auf einen Kaffee einkehren – einfach um den atemberaubenden Ausblick zu genießen.

Cityplan A/B 2/3 | **Bus** 16: Kristobal Balenziaga 1/Satrustegi 2

abgelegene Igueldo-Viertel passiert sie verwachsene Gärten und prunkvolle Villen. Wer Lust auf Bewegung hat, kann ab der Talstation auch dem ausgeschilderten Jakobsweg zur Spitze folgen. Allerdings muss man auch als Fußgänger eine Gebühr in Höhe von 2 € für den Park zahlen, die im Ticketpreis für die Bahn bereits enthalten ist.

Hundert Jahre Spaß

Seinen Charme hat sich der **Freizeitpark** `2` auf der Krone des Monte Igueldo bis heute erhalten. Böse Zungen mögen sich darüber beschweren, wie einfach er ist, doch (fast) alle entzückt er durch seine entspannte Atmosphäre. Die Kleinen lieben jedenfalls Teppichrutsche, verwunschene Flussfahrt, Bällebäder, Trampoline, Karussell, Geisterhaus und Spielbuden. Mein persönliches Highlight ist die Achterbahn in schwindelerregender Höhe. Die Montaña Suiza schlängelt sich in Auf- und Abbewegungen einmal um den Turm, der früher als Wach- und Leuchtturm gedient hat. Die Fahrt mit

#14 Monte Igueldo

Auch von unten nach oben ist der Blick nicht schlecht – der Monte Igueldo schiebt sich dramatisch ins Bild.

ÜBRIGENS

Unter Ihnen liegt der Leuchtturm, links davon eine malerische Küstenlandschaft, die in die nächsten baskischen Ortschaften wie Orio und Zarautz führt. Beide Orte sind ganz einfach mit Bus und Bahn oder auch zu Fuß zu erreichen. Einen Tagesausflug sind Orio und Zarautz in jedem Fall wert, wenn Sie die baskische Kultur besser kennenlernen wollen. Außerdem ist Zarautz für seinen wunderschönen Naturstrand bekannt und zieht Surfer aus der ganzen Welt an.

dem Meer zu Füßen dauert kaum mehr als eine Minute und verzaubert mit einer atemberaubenden Sicht. Auf keinen Fall verpassen! Sie werden hier oben keinen typischen Jahrmarkt mit grellen Lichtern finden. Stattdessen ist es hier ruhig, retro, rustikal – und ein Spaß für jedes Alter …

Viel Aussicht!

Dass die Spitze des Monte Igueldo eine tolle Aussicht bietet, ist kein Geheimnis mehr. Der Blick von der **Terrasse des Hotels Mercure** 3 jedoch schon. Die meisten Touristen holen sich einen Latte to go, bleiben im Freizeitpark am Geländer stehen und genießen die Sicht. Einen exklusiven Blick in die La-Concha-Bucht haben Sie dagegen von der Bar des Hotels Mercure aus, die Sie durch den Haupteingang auf der Rückseite des Parks betreten können. Das Hotel schmückt den Hausberg wie eine Krone und liegt noch einige Meter höher als der Freizeitpark. Gönnen Sie sich eine leckere Erfrischung und genießen Sie San Sebastián von oben – und das ganz ohne Touristen. Die Terrasse ist großzügig und meist menschenleer. Der beste Zeitpunkt für einen Drink ist während der Semana Grande im August ab 22 Uhr. Dann sehen Sie nämlich das Feuerwerkspektakel in der Altstadt – von den besten Plätzen aus. Lassen Sie den Blick weiter schweifen, so erkennen Sie bereits die Lichter von Hendaya, der ersten Stadt auf französischem Boden. Da die Landesgrenze nur knapp 20 km entfernt liegt, ist dies bei gutem Wetter durchaus möglich.

Auf keinen Fall vernachlässigen sollten Sie den Blick in die andere Richtung, nach Bilbao. Dafür verlassen Sie das Mercure wieder durch den Hauptausgang. Unter Ihnen liegt ein weißer **Leuchtturm** 4, der seine Strahlen aufs offene Meer schickt. Zum Trost für die Schifffahrer, wie es scheint …

Insel des Grauens? –
Isla de Santa de Clara

15

Im 16. Jh. schlägt das Schicksal auch in San Sebastián zu: Die Pest hält in der Stadt Einzug – mit verheerenden Folgen. Um ihre Verbreitung zu stoppen, verbannt man die Erkrankten auf die Insel Santa Clara, schickt sie in Quarantäne und den sicheren Tod. Heute hingegen herrschen paradiesische Zustände auf der grünen Insel in der Bucht von San Sebastián.

Insel ohne Fehl und Tadel

Es ist gut vier Jahrhunderte her, als sich auch in San Sebastián die Pest ausbreitete. Voller Verzweiflung verfrachtete man die am Schwarzen Tod Erkrankten auf die **Insel Santa Clara** 1. Abertausende verendeten dort. Später brachte man auch die Leichen von Selbstmördern und Ketzern auf die Insel. Was vor einigen Jahrhunderten noch eine ›Sterbeinsel‹ war, ist heute ein idyllisches Fleckchen ohne jeden Makel. Ein Strand, ein Café und eine kleine Kapelle schlummern zwischen Bäumen und Sträuchern.

Zu Eduardo Chillidas beeindruckender Skulptur »Peine del Viento« gehen die Donostiarra vor allem, wenn es stürmt. Wer die dramatische Szenerie einmal erlebt hat, weiß warum!

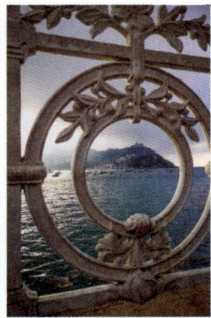

Hübscher Durchblick auf die Isla de Santa Clara, die kleine, grüne Insel mitten in der La-Concha-Bucht vor der Stadt.

Ich schwimm dann mal rüber …

Alle Wege führen zur Insel in der La-Concha-Bucht, scheint es. Man kann sie schwimmend, mit dem Kajak oder per Boot erreichen. An sehr heißen Tagen empfiehlt sich guten Schwimmern Variante Nummer eins. Starten Sie am Ondarreta-Strand, denn von hier sind es nur 500 m bis zur Insel. Nach ca. zehn Schwimmminuten können Sie an einer der blauen Badeinseln eine Pause einlegen. Diese *gabarrones* sind mit ihren Trampolinen, Sprungbrettern und Rutschen vor allem bei Kindern ausgesprochen beliebt. Nach weiteren zehn Minuten ist Santa Clara erreicht. Entscheiden Sie sich für die bequemere Option, dann starten Sie am Hafen. **Schiffstickets** ❶ gibt es direkt neben dem Club GU San Sebastián, einem weißen, an ein Boot erinnernden Gebäude am Hafen. Die Überfahrt zur Insel dauert nur wenige Minuten.

Motzende Möwen

Von Santa Clara genießen Sie einen ganz neuen Blick auf die Stadt und den Monte Urgull. Auf der Insel empfiehlt sich ein Mini-Rundgang zur Kapelle. Unterhalb des Gebäudes spielen Kinder auf den Felsen, an die wilde Wellen klatschen. Am Wegesrand entdeckt man hinter dem ein oder anderen Büschlein Liebespaare, die wohl die Ruhe und Abgeschiedenheit der Insel zu schätzen wissen. Die geheimen Bewohner Santa Claras sind aber keine verliebten Jugendlichen, sondern Möwen, die sich hier in Scharen tummeln und den Menschen nur sehr argwöhnisch begegnen.

Nach dem Spaziergang gönnen Sie sich im einzigen Café der Insel ein kaltes Getränk und entspannen auf einer der vielen Grünflächen – die übrigens auch ideal für ein Picknick sind. Angeblich wurde am Ufer Santa Claras auch schon mal ein Oktopus entdeckt. Das sollte Sie aber nicht vom Schwimmen abhalten, die Meeresbewohner sind harmlos und scheu.

Spiel mit Wind und Wasser

Auf jeder zweiten Postkarte von San Sebastián sind ungewöhnliche Stahlskulpturen zu sehen. Was hat es mit dem beliebtesten Postkartenmotiv der Stadt auf sich? Der **Peine del Viento** ❷ (dt. Windkamm) geht auf den Bildhauer Eduardo

ÜBRIGENS

Wenn die Wellen hoch gehen, lohnt nicht nur der Besuch von Chillidas Windkamm. Auf dem Weg dorthin bleibt man schon mal an der Steinmauer hängen, die das Meer vom Paseo trennt. Der Blick fällt nach rechts in die weite Bucht und nach vorn auf die Surfer, die hier Schlange stehen und auf die eine Welle warten, die sie mit Schwung an den Strand bringt. Also: Sprung von der Mauer, ab auf die Welle, an den Strand. Und noch mal von vorne und noch mal …

Chillida zurück und gilt als eines seiner wichtigsten Werke. Es wurde 1977 am westlichen Ende San Sebastiáns, unterhalb des Monte Igueldo, in die Felsen eingelassen. Die drei jeweils 10 t schweren Teile der Skuptur wurden mit Hubschraubern hierher gebracht. Am schönsten sind sie an einem stürmischen Tag zu bewundern, dann werden sie dramatisch von den Wellen umspült und der Wind lebt seine Macht voll und ganz aus. Nur Chillidas rosafarbenes Werk scheint der Brandung standzuhalten … Vor dem Windkamm, an Land, sind Löcher in den Boden eingelassen, durch die bei jeder auf die Küste treffende Welle ein Luft- oder Wasserstoß zischt.

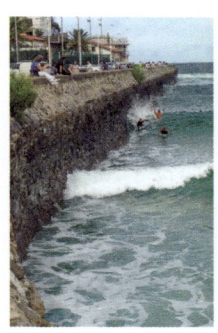

Und rein! Immer wieder springen die Surfer mit dem Brett in der Hand von der Mauer ins Wasser. Mit der richtigen Welle schaffen sie es locker bis an den Strand.

Hommage am Meer

Jeder San-Sebastián-Besucher muss den Windkamm einmal gesehen haben. Insgesamt arbeitete Chillida 25 Jahre an den drei Teilen des Werks. Der Weg, der zu ihm führt, hieß ursprünglich Paseo del Peine del Viento. Nach Chillidas Tod taufte man ihn auf den Namen Paseo Eduardo Chillida um.

INFOS/ÖFFNUNGSZEITEN

Peine del Viento 2: am Ende des Paseo Eduardo Chillida. Vorsicht, hier kann es nass werden!

Motoras de la Isla Santa Clara 1: Caseta del Puerto, T 943 00 04 50, www.motorasdelaisla.com, 1. Juni–30. Sept. tgl. 10–20 Uhr alle 30 Min., 4 €. Es besteht auch die Möglichkeit, eine Rundfahrt mit dem Boot durch die Bucht und zur Insel zu machen (um 12, 13, 14, 15.30, 16.30, 17.30, 18.30 und 19.30, 6 €).
aloKayak 2: Kajakverleih am Strand, T 646 11 27 47, tgl. Juli, Aug. 10–20, Juni, Sept. 12–19.30/20 Uhr, 10 €/Std.

VERHUNGERN? NEIN DANKE!

Damit Sie auf dem Spaziergang zum Peine del Viento nicht verhungern, legen Sie doch einen kurzen Stopp im **Ñam** 1 ein und stärken sich mit mediterranen Pintxos und köstlichen Burgern (Paseo Eduardo Chillida, 13, T 943 15 52 70, www.namrestaurantes.com, So–Do 8–23, Fr, Sa 8–24 Uhr, Tagesmenü ab 9 €).

Cityplan C/D 3 | **Bus** 5, 16, 25, 45: Ondarreta; für die Bootsfahrt **Bus** 5, 8, 9, 13, 21, 25, 26, 28, 29, 31, 42: Boulevard, von dort zu Fuß zum Hafen

EINTRITTSKARTEN in eine andere Welt ...
Neben dem Museo San Telmo (▶ S. 26) gibt es in San Sebastián reichlich andere Museen, hier meine persönlichen Favoriten:

UND JETZT ENTSCHEIDEN SIE!

Museo Naval – Untzi Museoa
Di–Sa 10–14, 16–19, So 11–14, 15. Juni–15. Sept. auch 16–19 Uhr
3 €/1,50 €, Do freier Eintritt
○ JA ○ NEIN

Das kleine, liebenswerte Museum direkt an der Hafenmole führt Sie authentisch durch die Geschichte des baskischen Fischfangs. Wer mag, kann eine 15-minütige Unterwasserreise unternehmen ...
📖 E 2, www.untzimuseoa.eus/es

Eureka! Zientzia Museoa
tgl. 10/11–19/20 Uhr
10 €/7 €, mit Planetarium 12,50 €/10,50 €
○ JA ○ NEIN

Das interaktive Wissenschaftsmuseum verzaubert mit seinem 3D-Planetarium und dem 30 m hohen Aussichtsturm seine jungen und erwachsenen Besucher gleichermaßen.
📖 Karte 3, A 2, www.eurekamuseoa.es

Kubo Kutxa
Di–So 11.30–13.30, 17–21 Uhr
Eintritt frei
○ JA ○ NEIN

Ständig wechselnde Kunstausstellungen von Pop-Art über Gonzalo Chillida, Eduardo Chillidas Bruder, bis hin zu moderner Fotografie. Der perfekte Ort für Kunstliebhaber – untergebracht im Kursaal.
📖 Karte 2, C 1, www.sala-kubo-aretoa.eus

Museo de la Sidra Vasca – Sagardoetxea
Di–Sa 11–13.30, 16–19.30 So 11–13.30 Uhr
4 €/2 €
○ JA ○ NEIN

In diesem Apfelweinmuseum lernen Sie nicht nur, wie Cidre (span. *sidra*) entsteht, Sie dürfen auch gleich selbst Hand anlegen und Äpfel zerstampfen. Ein großer Spaß – besonders für Kinder.
📖 Karte 3, B 2, www.sagardoetxea.com

Museo Chillida Leku – Chillida-Leku Museoa
T 943 33 60 06

○ JA ○ NEIN

Hier können Sie Eduardo Chillidas bekannte Skulpturen nach telefonischer Absprache in einer wundervollen Parkanlage bewundern. Sie in diesem Garten zu sehen, hat eine besondere Wirkung.

📖 Karte 3, B 2, www.museochillidaleku.com

Museo del Whisky
Mo–Sa 15.30–3.30 Uhr

○ JA ○ NEIN

Die Bar, die sich selbst als Whisky-Museum bezeichnet, besitzt eine so unglaubliche Auswahl an Whiskys, dass ihr der Name zusteht. Stilvoll eingerichtet – und im Untergeschoss erwartet Sie Pianomusik.

📖 Karte 2, B 2, auf Facebook

Koldo Mitxelena Kulturunea
Mo–Fr 8.30–20.30, Sa 8.30–14 Uhr
Eintritt frei

○ JA ○ NEIN

Das Kulturzentrum an der Kathedrale Buen Pastor beherbergt eine Bibliothek mit einer reichen Auswahl an Büchern in zahlreichen Sprachen. Die Ausstellungen sind auf die Kunst des späten 20. Jh. spezialisiert.

📖 Karte 2, B 5, kmk.gipuzkoakultura.eus

Mater Museoa
Di–Sa 11–14/16–19, So 11–14 Uhr
7 €/3 €
Workshops und Ausflüge kosten extra

○ JA ○ NEIN

In dem schwimmenden Bootsmuseum (traditionelles Boot der Biskaya) lernt man den Tagesablauf eines Fischers kennen, kann aufs Meer hinausfahren oder ökologische Workshops mitmachen.

📖 Karte 3, C 1, www.matermuseoa.com

Jantziaren Zentroa – Vestuario tradicional popular
Sa 11–14, 17–20, So 12–14 Uhr
3 €

○ JA ○ NEIN

Erfahren Sie in dem hübsch gemachten Museum, wie sich der Kleidungsstil der Basken im Lauf der Zeit verändert hat. Leider nur am Wochenende geöffnet.

📖 Karte 3, C 2, unter ›Iraultza Dantza Taldea‹ auf Facebook

San Sebastiáns Museumslandschaft

Wollten Sie immer schon wissen, wie man den leckeren Apfelwein macht? Ja? Dann kann ich Ihnen nur einen Besuch in der Sidrería Petritegi empfehlen (▶ S. 84). Es ist eines der liebevoll eingerichteten kleinen Museen San Sebastiáns, das Ihnen auf spannende Weise die Kultur des Baskenlandes nahebringt. Die Küstenstadt besitzt nicht die Menge an Museen – aber schließlich kommt es ja auch auf die Qualität an. Und die Museen der Stadt sind darüber hinaus immer wieder für eine Überraschung gut. Wer hätte schon gedacht, dass das Whisky-Museum (▶ S. 71) eigentlich eine Pianobar ist? Oder man das historische Museum (▶ S. 28) nicht in der Altstadt, sondern auf der Spitze eines Berges findet? In der Museumsszene dominieren die Themen Fischerei und Schiffsbau, schließlich hat San Sebastián als Walfängerdorf angefangen. Mein Favorit, die Schiffshalle Albaola (▶ S. 42), liegt übrigens im benachbarten Fischerdorf Pasaia. Hier können Sie miterleben, wie eines der beeindruckendsten Schiffe Spaniens originalgetreu rekonstruiert wird. Neben den Museen verdienen die vielen Kulturzentren eine Erwähnung. Sie zeigen teils hochkarätige Wechselausstellungen, Theater, Tanz … Themen, Events, Vorführungen, Eintrittspreise – nichts ist hier von langer Dauer. Die Donostiarra zeigen sich stets von ihrer kreativen Seite, mit immer neuen Ideen. Sie werden schnell merken, warum San Sebastián europäische Kulturhauptstadt war.

TIPP FÜR DEN MUSEUMSBESUCH IN SAN SEBASTIÁN

Die Einheimischen freuen sich, wenn Sie sich ein bisschen mit ihrer Vergangenheit und der baskischen Kultur vertraut machen. Deshalb empfehle ich Ihnen, mit dem Museum San Telmo in der Altstadt zu beginnen und einen Blick in das Festungsmuseum auf dem Monte Urgull zu werfen. Beide Häuser sind günstig und geben Ihnen einen spannenden Überblick über San Sebastiáns Geschichte. Häufig haben die Museen montags geschlossen und sind abends kostenlos zu besuchen.

Baskischer Kultur, Kunst und Geschichte ist das Museo San Telmo gewidmet.

Feste feiern, wie sie fallen –
ein Ereignis jagt das nächste

Endlos ist die Eventliste dieser einzigartigen Stadt. Nicht eine Woche vergeht ohne kulturelles Highlight. Vernissagen, Wochen- und Buchmärkte, Kunstausstellungen, Brautmoden- und Gastronomiemessen, Jazzfestivals, Lagerfeuer und Weinverkostungen am Strand, Tanzabende, Marathonläufe, Yogafestivals, Kajakrennen, Paraden und Karnevalsumzüge. Nicht zu vergessen die berühmte Woche um den 15. August, die regelmäßig mit ihren Feuerwerkswettbewerben und vielen anderen spannenden Attraktionen den Vogel am Eventhimmel abschießt.

Reizüberflutung
Semana Grande

Am Strand sind gefühlt mehr Menschen als Sandkörner. Tausende Augenpaare fixieren gebannt den Nachthimmel, der sich sogleich in ein donnerndes Inferno aus bunten Leuchtkörpern verwandelt. Es ist Mitte August, die Semana Grande mit ihren allabendlichen Feuerwerkshows hat begonnen. Ganze Straßenzüge werden abgesperrt, Menschenmassen schieben sich durch die engen Gassen der Altstadt. Was für ein Gefühl! Dröhnende Bässe schallen von den Bühnen, die am Hafen installiert sind. Gruppen feiernder Donostiarra ziehen durch die Gegend und Straßenkünstler tun ihr Bestes, um vorbeischlendernde Passanten zu unterhalten. In Kinderaugen spiegelt sich das Licht des Rummelplatzes unterhalb des Monte Urgull und sie strahlen beim Anblick der riesigen Zuckerwatteberge. Die Fahrgeschäfte und Schießbuden werden hier nur einmal im Jahr für eine Woche zur Semana Grande **um den 15. August** herum aufgebaut. In Sagüés, am östlichen Ende der Stadt, spielt nachts die Musik. Auf der großen Bühne direkt am Strand, an der Playa de la Zurriola, treten über die Woche verteilt diverse namhafte Künstler wie Álvaro Soler auf. Zwei weitere Bühnen sind am Hafen installiert und ebenfalls gut besucht. Dort wird fast ununterbrochen gesungen, getanzt und getrunken. Von Rock über Pop, von Jazz bis Techno ist musikalisch alles dabei. Die ruhigsten Stunden in der Festwoche sind definitiv die Morgenstunden zwischen 6 und 11 Uhr, wenn ganz Donostia noch in den Federn liegt. Ab dann geht es wieder los mit Straßenumzügen, Konzerten, Tanzeinlagen und Märkten. Für Musikliebhaber und Feierlustige ist die Semana Grande das Fest der Feste.

Ü
ÜBRIGENS

Die Semana Grande findet zuerst in Vitoria-Gasteiz (ca. 1 Autostd. südwestl. von San Sebastián) statt, gleich im Anschluss in Bilbao (📖 Karte 5) und zuletzt ist San Sebastián dran. Wenn Sie einen gemütlichen Urlaub machen wollen, dann sollten Sie die Semana Grande, auch angesichts der horrenden Preise, die man in diesem Zeitraum zahlt, besser meiden.

Fast 1500 ›Piraten‹ nehmen auf selbst gebauten ›Flößen‹ im Rahmen der Semana Grande an der traditionellen Abordaje pirata teil. Das Ziel des Rennens ist die Playa de la Concha. Wie es aussieht, ist das Ganze ein großer Spaß!

Steht Ihnen der Sinn eher nach einem entspannten Urlaub, dann sollten Sie besser vor oder nach der Festwoche anreisen. Auch, weil die Hotelpreise während der Semana Grande in die Höhe schießen.

Trommelwirbel total!
Tamborrada
Ein Schlag ertönt, und darauf folgen exakt 24 Stunden lang ohrenbetäubende Paukenschläge. Die Plaza de la Constitución platzt aus allen Nähten. Die Menge tobt und alle warten gespannt auf die Rede des Bürgermeisters, die gehisste Fahne, die erste Trommel. Auf die Trommel, deren Schläge niemals ermüden sollen – wie das Olympische Feuer, das niemals erlöschen soll. In San Sebastián zumindest schweigen die Trommeln für die nächsten 24 Stunden keine Minute still. Sie läuten den wichtigsten Feiertag des Jahres ein ... und ein gewaltiges Trinkgelage. Die Menschenmenge, der Lärm und der Geruch nach Alkohol – das mag nicht jeder. Von zahllosen Corsowagen regnet es Bonbons und Fanfaren strapazieren das Trommelfell. Mitmachen, mittrinken, mittrommeln

– anders lässt sich der **20. Januar** in San Sebastián nicht aushalten, der Tag des hl. Sebastian. Die Donostiarra lieben ihren Schutzheiligen und ihre Tamborrada, den wichtigsten Feiertag des Jahres, und hauen deshalb eben ganz schön auf die Pauke. Aber warum? Die Geschichte geht gut 200 Jahre zurück, in die Zeit, in der Napoleons Truppen San Sebastián besetzt hatten. Die französischen Soldaten patrouillierten regelmäßig in der Stadt und liefen trommelnd durch die Straßen. Vorbei an Frauen, die in großen Eimern Wasser aus den städtischen Brunnen holten. Um die Feinde nachzuäffen, hämmerten die Damen ebenfalls auf ihre Eimer ein. Nicht ahnend, dass sie damit eine große Tradition begründen sollten ...

Lagerfeuer
La Noche de San Juan
Eine sehr schöne Tradition ist die Sommersonnenwendfeier in der Nacht **vom 23. auf den 24. Juni.** Die kürzeste Nacht des Jahres wird mit einigen kleinen und einem sehr großen Lagerfeuer an der Playa de la Zurriola eingeleitet. Man sitzt in Decken eingekuschelt um

eines der vielen Feuer und erzählt sich Geschichten. Der eine oder die andere nimmt den Abend zum Anlass, versteckte Gitarrenkünste zum Vorschein zu bringen. Tanzen und singen Sie gemeinsam mit den Musikern und genießen Sie die verzauberte Sommernacht. Lassen Sie sich in den warmen Sand fallen und betrachten Sie den Sternenhimmel. Eine lauschige Nacht, die meist so gemütlich aufhört, wie sie angefangen hat.

In den lauen Abend tanzen …
Internationales Jazzfestival Jazzaldía
Auch das alljährlich **im Juli** stattfindende Jazzfestival ist den Donostiarra heilig. Im Gegensatz zur Semana Grande läuft die Jazz-Festwoche aber ruhiger ab. Am Zurriola-Strand wird eine große Bühne aufgebaut. Lokale Künstler wie auch Jazzbands aus aller Welt unterhalten die Fans, die ganz entspannt vor der Bühne im Sand stehen und mit den Beats mitwippen. Oder man setzt sich einfach in den Sand, lässt seinen Blick über das Meer schweifen und genießt die angenehme Livemusik. Im Kursaal treten hochkarätige Stars wie Diana Krall, Michel Portal oder Chick Corea auf – das dann aber nicht gratis.
https://heinekenjazzaldia.eus/en

Wurst für Weihnachten
Feria de Santo Tomas
Kurz vor Heiligabend, am **21. Dezember,** verwandelt sich die Altstadt von San Sebastián in einen großen Markt – Weihnachten wird eingeläutet. Überall gibt es *txistorra* zu kaufen, die traditionelle baskische Paprikabratwurst, und auch *talos* sind an den vielen Ständen im Angebot, mit *txistorra* oder Käse gefüllte Maisfladen. Dazu trinkt man Txakoli, den lokalen Wein, Sidra oder Bier. Lokale Produkte wie Käse und Schinken, aber auch Kunsthandwerkserzeugnisse werden verkauft und die Donostiarra selbst verkleiden sich als Landwirte. Ein großer Spaß! In vielen Pintxo-Bars gibt es an diesem Tag gratis *txistorra*-Pintxos zum Getränk dazu. Am ausgiebigsten wird an der Plaza de la Constitución in der Altstadt und an der Plaza Gipuzkoa gefeiert.

Zwar legten die Frauen, die das Wasser aus den Brunnen der Stadt holten, den Grundstein für die Tamborrada, doch auch die Kochgesellschaften hatten großen Anteil an ihrem Erfolg. Daher tragen noch heute viele Trommler ein Koch-Outfit.

Pause. Einfach mal abschalten

Da gerade in den Sommermonaten ein Fest das andere jagt und Touristen durch die engen Gassen der Altstadt ziehen, wünscht man sich ab und an Ruhe an einem schattigen Plätzchen. Einen Ort, an dem man mit einem guten Buch in der Hand dem Meeresrauschen lauschen oder ins Grüne ›fliehen‹ kann. Einfach mal nichts tun …

Wo sich schon Franco wohlfühlte …
Palacio de Aiete ☐ D 7
Der Aiete-Palast und sein verwunschener Garten sind vor allem bei einheimischen Familien beliebt. Etwas abgelegen vom Trubel der Stadt bietet der Park Erholung, Abkühlung unter den Schatten spendenden Bäumen und zahlreiche Spielmöglichkeiten für Kinder. 2010 wurde der Palast generalrenoviert und in ein Kulturzentrum umgewidmet. Dabei entstanden im nördlichen, unterhalb des Palastes gelegenen Teil des Parks moderne Veranstaltungsräume hinter viel buntem Glas und eine unterirdisch gelegene Kinderbibliothek. Heute finden hier regelmäßig Aktivitäten und Events aller Art statt. Der Park selbst wirkt wie ein kleiner Erlebnisdschungel auf mehreren Ebenen. Mit seinen vielen bunten Bäumen und Blumen, kühlen Tropfsteinhöhlen, einem Wasserfall und Felsen lockt er Einheimische und Touristen gleichermaßen an. Ein liebevoll angelegter verspielter Teich, in dem auch Enten und Schwäne zu Hause sind, liegt direkt vor dem Palast. Im Parkcafé (tgl. 8–20 Uhr) sitzen die Älteren bei einem Kaffee zusammen, die Kleinen spielen auf dem Spielplatz. Eine Horde Kinder tollt über die Wiese, anscheinend hat eines von ihnen Geburtstag. Ein Pärchen macht ein entspanntes Picknick auf dem Rasen. Und ich bin auf der Suche nach dem uralten Mammutbaum, der hier angeblich stehen soll. Besonders im Herbst, in seiner satten Farbenpracht, ist der Schlosspark eine Augenweide. Der Palacio de Aiete war bis zum Bau des Miramar-Palastes (► S. 77) Residenz des spanischen Königshauses. Später diente das Gebäude im Stil des Neoklassizismus über Jahrzehnte hinweg General Francisco Franco als Sommerresidenz. Ebenso wie ehedem Königin María Cristina schätzte auch Franco die Schönheit und das Klima San Sebastiáns und verbrachte hier die Sommer zwischen 1941 und 1975. Heute kann man die Bibliothek und das Kulturzentrum im neuen Teil besuchen, die ehemaligen Räumlichkeiten Francos jedoch nicht.
Paseo de Aiete, tgl. 8–21 Uhr, Hunde und Fahrräder verboten, www.donostiakultura.eus (Stichwort Aite Kultura Etxea)

Siesta ja oder nein? Obwohl es angesichts der stets angenehmen Temperaturen in San Sebastián überflüssig erscheint, die für Spanien übliche Siesta einzuhalten, wird sie dennoch von vielen Donostiarra sehr geschätzt. Man merkt es spätestens an den Öffnungszeiten der kleineren Geschäfte, die um die Mittagszeit schließen und erst um 16 Uhr wieder öffnen. Supermärkte, Restaurants und Cafés sind davon aber unberührt. Nutzen Sie die Gunst der Stunde und machen Sie eine Siesta in einem der schönen Parks und Gärten der Stadt.

Ganz viel Panorama
Monte Ulia ☐ Karte 3, B 1
Eine kühle Brise streicht über die Haut, die Geräuschkulisse der Stadt wird immer leiser, die Pintxo-Bars liegen in weiter Ferne. Der Monte Ulia ist nicht

Muße an der Playa de La Concha – ein schöner Platz für eine Siesta!

nur der höchste der drei Stadthügel, er ist auch die grüne Lunge am östlichen Ende von San Sebastián. Diese Erhebung müssen die Pilger überwinden, wenn sie von Frankreich kommend in die Stadt gelangen wollen. Steigt man vom Zurriola-Strand auf, sind nach ca. 20 Min. Wälder und Steilküsten erreicht. Der steile Pfad hinauf lohnt sich, denn der Panoramablick über San Sebastián ist einzigartig. Es gibt eine Vielzahl an gut beschilderten Wanderwegen über den Ulia, u. a. den traumhaften, 6,5 km langen Küstenweg ins Nachbardorf Pasaia (▶ S. 41).

Bücher aus dem Kühlschrank
Parque Cristina Enea 🗺 H 5
Der größte innerstädtische Park ist ein kleines Abenteuerland für Kinder. Der Parque Cristina Enea, der unmittelbar am Busbahnhof im Stadtteil Egia beginnt, erscheint auf den ersten Blick klein und unspektakulär. Tatsächlich erstreckt er sich auf einer Fläche von 10 ha und hat jede Menge zu bieten. Im Dickicht der Bäume sind bunte Hängematten zum Relaxen gespannt, Teiche und grüne Wiesen säumen den Weg. Auf der Anhöhe liegt ein rotes Haus, in dem man sich Bücher ausleihen kann. Und dann steht da mitten im Wald auch noch ein Kühlschrank … In seinem Innern finden sich ebenfalls Bücher, die man einfach so mitnehmen darf. Überraschend aufregend ist der Park und mit seinen vielen schattigen Wegen perfekt für alle geeignet, die dem Stadtleben für ein paar Stunden entfliehen wollen.
Paseo Duque de Mandas, tgl. 6.30–22.30 Uhr, www.cristinaenea.eus

Wie vor 100 Jahren
Palacio de Miramar 🗺 C/D 5
Wenn man ausgestreckt auf dem Rasen vor dem Miramar-Palast (▶ S. 77) in der Sonne liegt und den Wellen beim Brechen zuhört, fühlt man sich fast wie Königin Isabella II., die hier einst lebte. Man hat die La-Concha-Bucht vor Augen, in ihrer Mitte die Insel Santa Clara. Es ist Zeit für ein Picknick, denn wenn schon eine königliche Pause einlegen, dann mit Muße. Geben Sie sich einem Gedankenspiel hin und stellen sich vor, wie die spanischen Könige hier vor über 100 Jahren residiert haben. Der Parkbesuch ist besonders dann zu empfehlen, wenn Ihnen der Strand zu voll ist und Sie die Sandkörner durch Grashalme ersetzen wollen.
Paseo Miraconcha, 48, tgl. 7–21 Uhr, palaciomiramar.eus

Nur für Pilger …
Für Reisende auf dem
Jakobsweg, die San
Sebastián fußläufig
erreichen, gibt es eine
weitere Möglichkeit zu
übernachten. Sie können
in einer Pilgerherberge
für wenig Geld (max.
20 €/Nacht) mit anderen
Wanderern die Nacht
verbringen. Mehr Infos
zu den Unterkünften auf
dem Küstenweg nach
Santiago finden Sie hier:
jakobsweg-kuestenweg.
de/camino-del-norte-her
bergen.

Ihren Ausweis, bitte!
Achtung: Die Unterkünfte
sind ausschließlich für
Pilger mit **Pilgerausweis**
reserviert und nur von
April bis Oktober geöffnet,
und in der Hochsaison
kann eine Pilgerherberge
schnell ausgebucht sein.
Rufen Sie am besten am
Vortag an.

Preise für Hotels
Die im Buch angegebenen
Preise beziehen sich auf
die **Nebensaison.**

Meeresrauschen = Luxus

San Sebastián ist gerade zwischen Juni und September ein Touristenmagnet. Der Strand ist gut belegt und in den Restaurants ist kaum ein freier Tisch zu ergattern. Klar, dass die Hotelpreise in die Höhe schießen wie Spargel aus dem Boden. Insbesondere die hochklassigen Hotels bieten ihre Zimmer im Winter oft zu einem günstigeren Preis an, der sich in den Sommermonaten gerne mal vervierfacht.

Wer spontan anreist, muss mit heftigen Preisen rechnen. Die Hotels an der Strandpromenade sind sehr beliebt und zählen zu den teuersten in der Region. Gleich morgens ins Meer hüpfen zu können, abends die Sonne am Horizont verschwinden zu sehen und bei Meeresrauschen einschlafen – das ist wahrer Luxus. In der Altstadt und im Zentrum finden Sie viele kleine Pensionen und Herbergen, die etwas preiswerter sind. In der Altstadt ist im Sommer jedoch abends viel los und Sie werden in der Pension vielleicht nicht zur Ruhe kommen.

Sind alle Zimmer bereits ausgebucht? Das kann passieren. Dann lohnt es sich, auf die Website von airbnb (www.airbnb.com) zu schauen. Die Donostiarra sind bekannt dafür, ihre Räumlichkeiten gerne zu teilen. Jeder zweite stellt seine Wohnung auf die Plattform, um sein Einkommen aufzubessern. Achten Sie aber darauf, dass Sie ›nur‹ mitwohnen und nicht den Donostiarra Mietraum wegnehmen.

Oder Sie sparen beim Frühstück? Anders als in Deutschland fällt es hier weniger üppig aus und besteht zumeist nur aus einem Kaffee und einem Toast oder Croissant für selten mehr als 2,50 €.

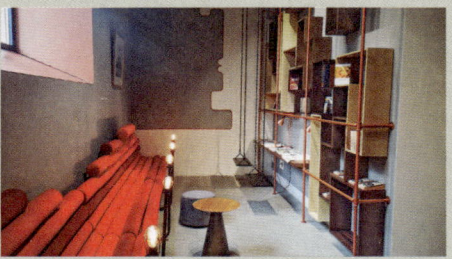

Die sympathische Lounge vom Hotel One Shot Tabakalera House … Schaukel inklusive.

Wo der Gast König ist
Hotel Villa Soro★★★★ 🏠 K 3
Das Herrenhaus mit dem offenen Marmorkamin, den edlen Böden und Decken und dem wunderschönen Treppenhaus existiert seit 1898 und gehört zum historischen Erbe der Stadt. In einem paradiesischen Garten liegt die Traumvilla wenige Minuten Fußweg von Strand und Geschäften entfernt. Am Kamin sitzend, mit einem Buch in der einen Hand, in der anderen eine Tasse Tee, fühlt man sich wie einem Jane-Austen-Roman entschlüpft. Die breite majästetische Treppe führt hinauf zu den luxuriösen Zimmern. Eine ausgezeichnete lokale Küche rundet den Service ab. Der Aufenthalt in der Villa Soro gleicht dem Besuch bei der wohlhabenden Großtante. Eigentlich möchte man gar nicht mehr weggehen, so freundlich und gemütlich lebt es sich hier. Das Personal ist herzlich, das Frühstück ein Gedicht. Parkplätze, Fahrräder und den Fitnessraum können Sie kostenlos nutzen.
Avenida de Ategorrieta, 61, T 943 29 79 70, www.villasoro.es, DZ/F ab 120 €

Hoch hinaus
Hotel Mercure Monte Igueldo★★★★ 🏠 A 3
Wie ein Gott auf die Stadt hinabschauen und hoch oben, über der Stadt, einen Cocktail trinken? Das Vier-Sterne-Hotel Mercure auf der Spitze des Monte Igueldo macht es möglich. Bedenken Sie aber, dass Sie auf Auto bzw. Taxi angewiesen sind, wenn Sie in die Altstadt wollen. Die Zimmer sind ordentlich. Die Hotelbar ist sehr gemütlich, elegant und mit einem großen Bücherregal ausgestattet.
Paseo del Faro,134, T 943 21 02 11, www. monteigueldo.com, DZ/F ab 75 €

Schaukeln in der Lounge
Hotel One Shot Tabakalera House★★★★ 🏠 Karte 2, D 5
Design trifft Komfortzone. Das Hotel befindet sich in der alten Tabakfabrik am Busbahnhof neben dem Flussufer. Im Wohnzimmer erwartet Sie eine reiche Auswahl an Büchern und Zeitschriften, die Sie auf einer witzigen Designer-Schaukel lesen können. Jedes der geräumigen Zimmer wurde individuell designt. Manche Räume verfügen über eine zweite Etage und sind mit Sofa und Schreibtisch ausgestattet. Im Bad gibt es sowohl Dusche als auch Badewanne und das Bett ist unglaublich bequem. Es wird schwierig, am nächsten Tag aus den Federn zu kommen …
Paseo Duque de Mandas, 52, T 943 93 00 28, www.hoteloneshottabakalerahouse.com/de, DZ ab 130 €, Frühstück ab 23 €, viele Angebote

Wohnzimmerstimmung
Pension Olatu Guesthouse 🏠 Karte 2, B 2/3
Das Guesthouse befindet sich in Toplage direkt an der grünen Plaza Gipuzkoa und mitten im Geschehen. Das Wohnzimmer ist nett eingerichtet und erwartet Sie mit diversen Zeitschriften, Tee und bunten Sitzkissen. Die Zimmer sind schlicht und sauber, es gibt mehrere Gemeinschaftsbäder. Familiäre Atmosphäre.
Calle de Legazpi, 8, T 943 42 24 09, DZ ab 45 €, Einzelbett ab 19 €

Im Namen des Künstlers
La Galería Hotel ★★ 🏠 C 4
Im Hotel Galería am Ondarreta-Strand in Antiguo trägt jedes Zimmer den Namen eines Künstlers, u. a. von Miró und Picasso. Reproduktionen ihrer Werke hängen in dem jeweiligen Raum über dem Bett. Vom Zimmer aus haben Sie außerdem Sicht auf das Meer. In dem sehr hübsch auf ›alt‹ gemachten Hotel hat jedes Zimmer sein eigenes Bad. Es gibt kostenlos Kaffee und Tee. Frühstücken geht man besser um die Ecke.
Calle Infanta Cristina, 1–3, T 943 21 60 77, www.hotellagaleria.com, DZ ab 69 €, Frühstücksbuffet 9 €, Parkplatz

Wellengang
Hotel Parma★★ 🏠 Karte 2, B 1
Die Lage des kleinen Hotels könnte besser nicht sein: Es liegt im ruhigen Teil der Altstadt, gegenüber vom Kursaal und (fast) direkt an der Zurriola-Bucht. Die Zimmer sind schlicht und einfach, haben aber mit eigener Badewanne und Fernseher alles, was man braucht. Man

In fremden Betten

Buchstäblich in der ersten Reihe nächtigt, wer sich im Hotel Londres y de Inglaterra einmietet.

spricht Deutsch. Am Morgen erwartet Sie ein sehr gutes Frühstücksbuffett.
Paseo de Salamanca, 10, T 943 42 88 93, www. hotelparma.com, DZ ab 68 €, Frühstück bei Buchung über die Website inkl.

Britisches Understatement? No!
Hotel de Londres y de Inglaterra
**** ⌂ Karte 2, A 4
Seit 1902 heißt das prachtvolle Hotel de Londres y de Inglaterra seine Gäste an der La-Concha-Bucht willkommen, darunter Henri de Toulouse-Lautrec und Gräfin Elisabeth von Österreich. Nach ihnen sind sogar Zimmer benannt. Die luxuriöse klassische Einrichtung der 167 Zimmer verzaubert die Gäste. Doch das Highlight ist neben der fantastischen Aussicht auf Strand und Meer das Rauschen der Wellen, das den Gästen das Einschlafen versüßt. Das üppige Frühstücksbuffet und die gemütliche Bar mit Wohnzimmeratmosphäre runden den Aufenthalt im Hotel Londres ab. Haustiere sind auf dem gesamten Gelände nicht erlaubt und es gibt keinen Wellnessbereich, dafür eine tolle Bar auf der Dachterrasse. Aber wer braucht schon einen Spa, wenn er den Strand vor der Haustür hat?

Calle Zubieta, 2, T 943 44 07 70, www.hlon dres.com, DZ/F ab 120 €

Den Beat der Stadt spüren
Off Beat Guesthouse ⌂ Karte 2, A 1
Beim Blick aus dem Fenster blicken Sie auf die älteste Kirche San Sebastiáns – und Sie befinden sich in der ältesten Straße der Altstadt, der Calle 31 de Agosto. Die heimelige, freundliche Unterkunft eignet sich hervorragend für einen ersten Besuch in San Sebastián. Sie fallen aus der Tür heraus und in die nächste Pintxo-Bar hinein. Die im Vintage-Look gestylten Zimmer teilen sich Gemeinschaftsbäder.
Calle 31 de Agosto, 16, T 625 26 64 54, www. offbeatguesthouse.com, großes DZ/F ca. 120 €, normales DZ/F ab 60 €

Whirlpool auf dem Dach
Hotel Palacio de Aiete**** ⌂ D 7
Freundlichkeit wird hier großgeschrieben. Die Gäste werden ebenso herzlich und professionell empfangen wie ihre vierbeinigen Begleiter. Die Ausstattung des Hotels ist schlicht, bietet aber alles, was das Urlauberherz begehrt: einen Fitnessraum, ein üppiges Frühstücksbuffet, einen Leseraum und eine Dachterrasse mit Whirlpool. Eine Minibar im Zimmer gibt es nicht, dafür Zimmerservice und Getränkeautomaten auf dem Flur. Ausgezeichnetes Preis-Leistungs-Verhältnis. Den beschaulichen Park Aiete erreichen Sie in wenigen Gehminuten, bis ins Stadtzentrum brauchen Sie 5 Min. mit dem Auto. Eine Bushaltestelle ist 100 m entfernt.
Calle Goiko Galtzara-Berri, 27, T 943 21 00 71, www.hotelpalaciodeaiete.com, kostenloser Parkplatz, DZ ab 80 €, div. günstige Frühstücke

Hafennacht
Lasala Plaza Hotel****
⌂ Karte 2, A 2
Stilvoll und gemütlich, freundlich und hell – so lässt sich das luxuriöse Hotel am Hafen wohl am besten beschreiben. Die Zimmer sind liebevoll eingerichtet und mit etlichen Extras ausgestattet. So finden Sie im Bad eine Palette an Badeprodukten und im Schlafzimmer diverse Kaffee- und Teesorten vor. Von Ihrem Balkon aus haben Sie eine tolle Sicht auf die

La-Concha-Bucht und den Hafen. Heiße Sommerabende sollten Sie im Pool auf dem Dach verbringen. Die hoteleigene Bar bietet sehr gute Pintxos und Getränke zu günstigen Preisen. Nicht nur Hotelgäste, auch viele Einheimische lieben die Bar, weshalb hier immer was los ist.

Plaza Lasala, 2, T 943 547 000, www.lasalapla zahotel.com, DZ ab 180 €, viele Angebote; nachfragen, ob Frühstück im jeweiligen Preis inkl. ist!

Mitten im (Markt-)Geschehen
Casa Nicolasa 🏠 Karte 2, B 2
Die charmante Pension befindet sich mitten in der Altstadt am Mercado de la Bretxa und wenige Gehmin. von der La-Concha-Bucht. Die Zimmer sind individuell mit Holz- und Steinelementen sowie Felldecken über dem Bett eingerichtet,. Sie können zwischen Zimmern mit Balkon oder Terrasse wählen. Eine kleine Bar mit Wasser, Tee, Kaffee und Keksen steht Ihnen jederzeit gratis zur Verfügung, ebenso wie der herzliche Rezeptionist … Frühstücken kann man in der Umgebung.

Calle Aldamar, 4, T 943 43 01 43, www.pension casanicolasa.com, DZ ab 124 €, kein Frühstück

Für den Business-Trip
Hotel Arrizul Congress**
🏠 Karte 2, D 2
Eine gute Adresse für Geschäftsleute. Beim Check-in werden Sie mit Champagner und anderen Getränken begrüßt, und in der Lobby erwarten Sie den ganzen Tag über kostenlose Getränke wie Tee und Kaffee. Die Zimmer sind mit einem gemütlichen Bett, einem Schreibtisch und großer Terrasse ausgestattet. Außerdem haben Sie Zutritt zum hauseigenem Fittnesscenter. Der Frühstücksraum ist sehr gemütlich und das Angebot an Früchten, Süßspeisen und Deftigem groß.

Calle Ronda, 3, T 943 32 70 26, www.hotelarri zulcongress.com, DZ(/F) ab 200 €

Kontakte knüpfen
A Room in the City 🏠 Karte 2, B 5
Wollen Sie nicht nur ein Zimmer in der Stadt, sondern vielleicht bald schon viele neue Bekanntschaften haben? Das moderne und sehr saubere Hostel am La-Concha-Strand ist perfekt geeignet für

ÜBRIGENS

Willkommen zu Hause, willkommen im **Hotel Arima****** 🏠 Karte 3, A 2). Das junge Hotel ist eines der ersten Passivhäuser Spaniens: Es benötigt keine klassische Gebäudeheizung und nutzt ausschließlich Regenwasser. Nicht nur der Gast liegt den Besitzern am Herzen, auch die Natur. Im Eingangsbereich im Wohnzimmerstil fühlt man sich sofort wie zu Hause. Snacks, Grapefruitwasser und Kaffee stehen den Gästen in der offenen Lounge kostenfrei zur Verfügung. Auf dem Gang riecht es angenehm nach Regenwald. Die Zimmer sind mit viel Holz ausgestattet, im Badezimmer erwarten Sie herrlich frisch duftende Waschlotionen. Von der Dachterrasse aus hat man einen tollen Blick in den angrenzenden Wald. Zum Verwöhnangebot gehören Massagen, Yogakurse am Wochenende (ab 20 €/Std.), ein Pool und eine herausragende Küche. Vegetarisch, vegan, glutenfrei – was immer Sie wünschen, es wird Ihnen mit Freude zubereitet. Das perfekte Hotel, wenn Sie sich nach Entspannung sehnen (Paseo de Miramón, 162, T 943 56 91 36, www.arimahotel.com, DZ ab 80 €, Frühstück ab 22 €).

Alleinreisende oder Gruppen, die gerne neue Leute kennenlernen. Sie haben die Wahl zwischen Doppel- und Mehrbettzimmern mit modernen (Etagen-)Betten, ggf. einem Vorhang zum Abtrennen des Betts und Leselampe. In den Gemeinschaftsräumen stehen heiße Getränke und Naschereien kostenlos zur Verfügung. Die Dachterrasse und die beiden Bars eignen sich hervorragend, um mit anderen Gästen ins Gespräch zu kommen. Sympathisch, sauber, zentral.

Calle Easo, 20, T 943 42 95 89, www.aroom inthecity.eu, DZ ab 38 €, Bett in Schlafsaal ab13 €, kleines Frühstück inkl.

ZUM SELBST ENTDECKEN

Sidrería – typisch San Sebastián

San Sebastián ist nicht nur für seine Pintxo-Bars, sondern auch für seine Sterneküche und Cidrerien bekannt. Eine **Sidrería** ist ein Wirtshaus, in dem man auf langen Bänken zusammensitzt und gemeinsam Steak, Tortilla, Brot und Käse isst. Die üppigen Portionen stehen in der Mitte des Tisches, jeder bedient sich. Aus großen Cidrefässern holt man sich regelmäßig Nachschub vom hausgemachten Apfelwein.

Die Sterne vom Himmel kochen

Insgesamt 17 Michelin-Sterne haben sich die Restaurants in und nahe San Sebastián bisher erkocht. Drei Sterne holt Jahr für Jahr das **Arzak** (▶ S. 87) und behauptet damit seinen Platz in der Liste der 50 besten Restaurants der Welt. Laut Michelin ist es nicht nur einen Umweg, sondern eine ganze Reise wert.

Verrückt nach Essen!

Essen gehört zur baskischen Kultur wie die Schaumkrone zum Meer. Von den 50 besten Restaurants der Welt liegen gleich vier in und bei San Sebastián. Die Straßen sind buchstäblich mit Pintxo-Bars gepflastert, Hunderte finden sich allein in der Altstadt. Natürlich bekommt man auch spanische Klassiker wie Paella, Churros und Tapas. Wer aber traditionell baskisch speisen will, der bleibt bei den Pintxos.

Das entpuppt sich als leichte Aufgabe, lässt man seinen Blick über das ausladende Angebot schweifen. Die köstlichen Häppchen schmücken die Bars wie Christbaumkugeln den Weihnachtsbaum, bunt und oft aufregend. Der bekannteste Pintxo ist die spanische Tortilla aus Kartoffeln, Ei und Zwiebeln. Den Kartoffelkuchen gibt es in jeder Bar, ebenso wie ›La Gilda‹ (▶ S. 50), den ersten Pintxo überhaupt, bei dem Olive, Anchovis und Peperoni auf ein Holzstäbchen gespießt werden. Sie haben fast überall die Wahl zwischen Fisch-, Fleisch- oder Gemüse-Pintxos. Lassen Sie sich beim Anblick der lokalen Köstlichkeiten inspirieren und greifen Sie beherzt zu. Man wird Ihnen einen Teller reichen, damit Sie sich selbst bedienen können. Gezahlt wird hinterher; man vertraut hier auf die Ehrlichkeit der Gäste. Gegessen wird häufig noch im Stehen an der Bar, denn Sitzmöglichkeiten sind rar. Zum Essen bestellt man sich einen Zurito, ein kleines Bier, oder ein Glas Txakoli, den typisch baskischen Weißwein.

Pintxo-Paradies San Sebastián. Die Theke ist das Schaufenster einer jeden Bar – greifen Sie zu!

SO BEGINNT EIN GUTER TAG IN SAN SEBASTIÁN

ÜBRIGENS

In San Sebastián gibt man durchaus etwas Trinkgeld, üblicherweise aber nicht so viel wie in Deutschland. In fast allen einfachen Cafés in der Stadt und am Strand müssen die Gäste vorn am Tresen bestellen und ihre Getränke selbst zum Tisch tragen, wodurch der Anspruch auf das Trinkgeld entfällt.

Blau machen
Blau kafe ● Karte 2, E 1
Passend zum jungen Viertel Egia eröffnete 2018 das moderne Café mit dem deutschen Namen. Die bunten Stühle vorne am Eingang machen neugierig auf mehr. Die Inneneinrichtung ist liebevoll arrangiert und überall findet man ein Plätzchen zum Wohlfühlen. Süße Cupcakes und Brownies fallen ins Auge – ebenso wie das herzliche Lächeln der Cafébesitzerin.
Calle San Francisco, 32, T 615 80 66 99, Mo 15–20, D–Fr 8–20, Sa 9–20, So 9–14 Uhr, Kuchen 2–6 €

Musikliebhaber
Café Loft ● Karte 2, D 2
Ein gutes Café, um vom Fensterplatz aus die Leute auf der Straße zu beobachten und dabei zu brunchen. Die Cafébesitzerin beweist guten Musik- und Kunstgeschmack. Die Bilder, die aushängen, sind von lokalen Künstlern und vor Ort käuflich zu erwerben. Die Aquarellmalereien zeigen Orte in San Sebastián wie z. B. den Kursaal am Abend.
Calle San Francisco, 2, T 943 08 59 51, Mo–Sa 8–20 Uhr, Sandwiches und Pintxos 2–8 €

Baiserkrone zum Verlieben
Maiatza ● Karte 2, A 2
In dem kleinen alternativen Café Maiatza finden Sie herrliche Boccadillos, aufwendige Joghurt-Müsli-Kreationen, Espresso mit und ohne Sojamilch und Kuchen zum Dahinschmelzen. Kurzum, das perfekte Frühstück! Die Gerichte sind frisch und liebevoll dekoriert. Alles auch als vegetarische oder vegane Variante bzw. glutenfrei zu bekommen. Mein Tipp: Falls Sie nur einen Cheat Day pro Woche haben: Gebrauchen Sie ihn für die *tarta de limón* im Maiatza, eine fruchtig-süße Zitronencreme auf knusprigem Teig, darauf locker-leichte Sahne. Mhmm – einfach himmlisch.

Calle de Enbeltrán, 1, T 943 43 06 00, Mo–Do 7.30–23, Fr 7.30–23.30, Sa 8.30–23.45, So 9–23.30 Uhr, Gerichte 2,50–9 €

Kleine Sünden im Blumenmeer
Botanika ● Karte 2, C 4
Das Café Botanika macht seinem Namen alle Ehre. Ein Meer aus Pflanzen und Gestecken springt den Gästen gleich beim Betreten des Innenhofs ins Auge – eine versteckte Oase der Entspannung im Zentrum der Stadt. Ein Must-see ist das Café nicht nur für Blumenliebhaber, auch Vegetarier werden hier satt und glücklich. Im Gegensatz zu den Pintxo-Bars findet man im Botanika viele köstliche vegetarische und vegane Gerichte. Den Tag bei einem reichhaltigen Frühstück beginnen, inmitten von duftenden Blumen und bgleitet von Vogelgezwitscher … Lassen Sie sich gerne Ihr Frühstück mit Gitarrenklängen versüßen? Auch das ist in diesem familiären Café möglich.
Paseo del Árbol de Gernika, 8, T 943 44 34 75, auf Facebook, tgl. 9–24 Uhr, Gerichte 2–14 €

Lieblingscafé
Belgrado ● Karte 2, E 1
Nach all den sportlichen Aktivitäten am Zurriola-Strand haben Sie sich ein bisschen Ruhe verdient. Ihre Auszeit können Sie im Belgrado verbringen. Das gemütlichste Café der Stadt befindet sich am Ende der Zurriola-Strandpromenade an einer Straßenecke. Dank der riesigen Fensterfront können Sie Ihren Blick über das weite Meer schweifen

lassen, während Sie Ihren Cappuccino und ein herrliches Stück Schokoladenkuchen genießen. Greifen Sie sich eines der vielen Bücher oder eine Zeitschrift und versinken Sie in einem der flauschig-weichen Sessel. Vergessen Sie die Zeit und gönnen Sie Ihrem strapazierten Körper Ruhe. Das Café bietet neben leckeren Getränken und deftigen Speisen eine große Auswahl an hausgemachtem Kuchen. Und wer mag, findet hier vielleicht auch noch ein Souvenir oder ein Mitbringsel für die Lieben daheim, ein Buch, eine Mütze oder eine Brieftasche, ein T-Shirt oder eine Tasse.

Avenida Navarra, 2, kein Telefon, tgl. 8–23.30 Uhr, Gerichte ab 7 €

Klein und sehr fein
Café Ambigú ⚫ Karte 2, B 2
Das Café kann von außen leicht übersehen werden. Es ist winzig klein und liegt in einer ruhigen Straße der Altstadt. Gut, um die Zweisamkeit zu genießen oder allein ein Buch zu lesen. Süß, bequem, irgendwie exklusiv. Und absolut entspannt.

Calle de Aldamar, 12, T 943 04 97 01, www.ambiguestacion.com, Di–Do 10–23, Fr 10–1.30, Sa 11–1.30, So 11–16, Brunch (22 €): Mo–Sa 11.30–13 Uhr, Gerichte 7–15 €, Frühstück 3–8 €

Kaffee und Karaoke
Old Town Coffee ⚫ Karte 2, B 5
Das winzige Café verwöhnt Sie mit dem besten Cappuccino der Stadt und veranstaltet außerdem viele witzige Events wie Sushi-, Sprachtandem- oder Karaoke-Abende. In den Morgenstunden ergattert man nur mit Glück einen der beliebten Tische, für den Avocadotoast und den lockeren Bio-Käsekuchen lohnt sich die Platzsuche aber unbedingt.

Calle de los Reyes Católicos, 6, T 615 84 07 53, Mo–Sa 9–21, So 9–14.30 Uhr, Bio-Gerichte 2–6 €

Aussteiger-Ambiente
Café-bar Koh Tao ⚫ Karte 2, B 2
An der Plaza Gipuzkoa liegt das zweistöckige Café, das so ganz untypisch für Spanien daherkommt. Wild bekritzelte Wände, bunt zusammengewürfeltes Mobiliar aus zweiter Hand, ein Bücherregal und eine Kuschelecke für Verliebte – das Aussteiger-Feeling gibt's hier nebenbei. Dazu leckeren Kaffee und super Tortilla.

Calle de Bengoetxea, 2, T 943 42 22 11, Mo–Do 7.30–22, Fr 7.30–2, Sa 9–2, So 9–22 Uhr, Frühstück 2,50–7 €, Toasts etc. ab 3 €

EINE REISE INS SCHLARAFFENLAND

In die baskische Kultur eintauchen, ein Cidre-Bad nehmen und das familiäre Apfel-Geheimnis aufdecken … Die **Sidrería Petritegi** (⚫ Karte 3, B 2) ist ein Muss bei einem Besuch San Sebastiáns. Das Unternehmen liegt nur wenige Kilometer vor der Stadt ganz beschaulich im Grünen. Bei der Führung rund um die Cidreproduktion kommt man dem Geheimnis des leckeren Apfelweins peu à peu näher, der für das Baskenland so prägend ist wie das Weißbier für Bayern. Nur der pure Apfelsaft kommt ins Fass – keine weiteren Zusatzstoffe. Petritegi, zu Deutsch ›Das Land des Pedro‹, ist ein mehr als 500 Jahre altes Familienunternehmen, das sogar schon in Frankfurt einen Preis für den besten Cidre abgeräumt hat. Nach der Führung wird der Leib glücklich gemacht. In einem urigen, an eine bayerische Wirtschaft erinnernden Saal wird gespeist. Man serviert ein traditionelles Menü, das aus Omelett, Fisch, Steak und einer Käseplatte besteht. Dazu füllt man sich nach Lust und Laune das Glas mit Cidre voll, natürlich ganz traditionell direkt aus dem 14 000-Liter-Holzfass.

Petritegi, Petritegi Bidea, 8, 20115 Astigarraga, T 943 45 71 88, www.petritegi.com, tgl. 13–15.30, 20–22.30 Uhr

Wo auch Vegetarier glücklich werden
Foodoo Karte 2, B 2
Das Foodoo mit seiner grünen Markise sieht von außen ganz unscheinbar aus. In seinem Inneren findet man einen Garten aus grünen Topfpflanzen, witzige Sitzecken und Bücher. Raffiniertes Design und alternative Speisen aus guten, frischen Zutaten werden im Foodoo großgeschrieben. Ich bestelle hier immer den Salat mit überbackenem Ziegenkäse, meine persönliche Leibspeise. Doch auch Burger, Guacamole und Kartoffeln mit Champignonsauce sind lecker. Bestellen Sie das Mittagsmenü für 10 € und probieren Sie alles aus. Viele vegetarische Optionen.
Boulevard Zumardia, 3, T 943 43 55 07, www. foodoo.es, tgl. 13–16, 19.30–23 Uhr, Gerichte 6–14 €, Menú del día 10 €

Die gesunde Alternative
The Yellow Deli Karte 2, B 2
Ein Restaurant wie das Yellow Deli findet sich kein zweites Mal in der Stadt. Die Betreiber wohnen in einer Gemeinschaft auf dem Berg Ulia und leben ohne TV, Handy oder sonstige neumodische Dinge, tragen lange Gewänder und stets ein Lächeln auf den Lippen. In ihrem Restaurant in der Altstadt heißen sie ihre Gäste herzlich willkommen. Auf urigen hölzernen Bänken kann man bei hausgemachten Suppen oder Sandwiches und einem Chai Latte oder einer Mate der beruhigenden Musik lauschen. Herrlich, um einfach mal abzuschalten und sich zu entspannen.
Calle General Etxague, 5, T 943 47 74 41, yellowdeli.com/san-sebastian, Mo–Do 9–24, Fr 9–3, So 12–1 Uhr, Gerichte ab 5 €

Vegetarisch, baskisch, gut
Garraxi Taberna Karte 2, E 4
An einem lauschigen Plätzchen, etwas abgelegen im Viertel Egia, liegt die Taberna Garraxi. Die Auswahl ist groß und alle Speisen sind vegetarisch, obwohl das Ambiente eher auf eine traditionelle baskische Küche schließen lässt. Garraxi beweist: Es muss nicht immer Tofu mit viel Schnickschnack sein. Chips mit herrlicher Guacamole, Falafel mit verschiedenen Dips, frittierte Pilze, Couscous, Pizza. Bestellen Sie von allem

Das Land, in dem die Schinken von der Decke baumeln … Wer meint, San Sebastián biete ›nur‹ Pintxos, der irrt!

nur die halbe Portion und dafür mehrere verschiedene Gerichte. *Buen provecho!*
Calle de la Tejería, 9, T 943 27 52 69, Di–Sa 13–23.30, So, Mo 13–15.30 Uhr, Gerichte ab 9 €

INSTITUTIONEN UND SZENETREFFS

Italien zu Gast
La Mamma Mia Karte 2, A 5
Mhmm … »Mamma Mia!« werden Sie ausrufen, wenn Sie in diesem italienischen Restaurant die Pizza probiert haben. Die Qualität des Käses ist ungewöhnlich gut. Auch die üppigen Salate und leckeren Desserts lohnen sich. Das Familienunternehmen, das in einem urigen Keller liegt, ist immer gut gefüllt. Am besten einen Tisch im Voraus bestellen.
Calle de San Bartolomé, 18, T 943 46 52 93, www.lamammadonosti.com, tgl. 13–16, 20–23.30 Uhr, Gerichte 7–15 €

Die hohe ›Spießerkunst‹
Bar Zeruko Karte 2, B 2
Aufgespießt wird hier einiges, doch spießig ist das Zeruko ganz sicher nicht. Die

Keine gut sortierte Apotheke, sondern die Experimentierküche des Arzak.

Lieblings-Pintxo-Bar vieler Donostiarra überzeugt zwar nicht unbedingt durch das Ambiente – sie ist laut, hell, einfach eingerichtet –, dafür aber umso mehr durch ihre raffinierten Speisen. Wenn Sie außergewöhnliche Pintxos suchen, dann sind Sie im Zeruko goldrichtig. Flambierter

Schinken und frittierte Käsebällchen mit süßer Sauce gehören hier zu den Bestsellern. Leider ist der Magen nicht groß genug, um alle 40 verschiedenen Häppchen zu probieren. Calle de Pescadería, 10, T 943 42 34 51, Di–Sa 12.30–16, 19.30–23.30, So 12.30–16 Uhr, Pintxos ab 2,50 €

Lecker, lokal, Lieblingsort!
Zazpi 🍽 Karte 2, C 3
Mitten in der Einkaufszone im Stadtzentrum befindet sich das baskische Restaurant Zazpi. Vor dem Eingang stehen ein paar bunte Tische, die immer belegt sind. Zu Recht, denn das Essen schmeckt nicht nur köstlich, die kunstvoll angerichteten Speisen sind auch ein Genuss für die Augen. Das Personal ist herzlich, die Atmosphäre entspannt. Im Sommer am besten im Voraus reservieren. Calle de San Marcial, 7, T 943 50 67 67, Mo–Fr 8–24, Sa 9–24 Uhr, Gerichte ab 9 €

Burger auch bei Regen
Va Bene 🍽 Karte 2, A 2
Dieses Restaurant versorgt Sie nicht nur mit hausgemachten Burgern, frischen Sandwiches und selbstgemachten Pommes, es lässt Sie auch garantiert nicht im Regen stehen: Das Va Bene empfängt Sie auf seiner verglasten, überdachten Terrasse direkt am Boulevard. Von hier aus können Sie in Ruhe die Passanten beobachten. Das Innere des Restaurants

PINTXO-TOUREN

Unterwegs mit Urban Adventures
Während der Pintxo-Tour mit Urban Adventures lernt man nicht nur Pintxos, sondern viele spannende Geschichten über die Stadt kennen. Drei verschiedene Bars in der Altstadt und im Gros werden besucht, Pintxos und Getränke inkl. (vegetarische Option möglich, ganzjährig tgl., p. P. 78 €, www.sanse bastianurbanadventures.com).
Weitere Touren
Mit den Guides der Kochschule **Mimo** besuchen Sie sechs Bars in der Altstadt,

Pintxos und Getränke inkl., eine vegetarische Option ist möglich. Neben der Pintxo-Tour können Sie auch selbst aktiv werden und in einem Kochkurs lernen, wie man sich in der baskischen Küche zurechtfindet (Tour 125 €, Kurs ab 315 €; sansebastian.mimofood. com). Jeden Donnerstag ab 19 Uhr trifft man sich erst auf der Terrasse des Hostels **A Room in the City** (▶ S. 81) und besucht dann verschiedene Pintxo-Bars in Gros (Getränke und Pintxos auf eigene Kosten).

ist wie ein American Diner ausgestattet. Es gibt noch eine weitere Filiale in der Calle de Blas de Lezo, 4.

Boulevard Zumardia, 14, T 943 42 24 16, tgl. 11–1, Fr, Sa 11–2 Uhr, Gerichte 5–15 €

Quietschbunt aus dem Osten

Bollywood ● Karte 2, B 2

So langsam haben Sie sich an den Pintxos satt gegessen und wünschen sich geschmacklich etwas Abwechslung? Direkt am Boulevard finden Sie das bunte Restaurant Bollywood, das eine ausgezeichnete indische Küche zu bieten hat. Mein Tipp: Palak Paneer (Spinat mit mildem weichem Käse) mit einem hausgemachten Chai genießen und das Treiben auf dem Boulevard beobachten.

Boulevard Zumardia, 7, T 943 04 63 51, www. bollywood7.net, Mo–Do 11–16, 19–24 Fr–So 11–24 Uhr, Gerichte 8–14 €

Steak mit Herz

Txuleta ● Karte 2, A 2

Txuleta bedeutet übersetzt Steak. Die Spezialität des Hauses ist denn auch feines, blutiges Fleisch, leicht gewürzt und begleitet von selbstgemachten Pommes. Das Restaurant, das 2007 von Madrid in die älteste Straße San Sebastiáns zog, ist recht ungewöhnlich für eine Pintxo-Bar. Auf dem Tresen liegen keine Häppchen aus wie in jeder anderen Bar, weil diese immer ganz frisch zubereitet werden. Deftiges Essen aus traditioneller Küche.

Plaza de la Trinidad, 2/Calle 31 de Agosto, T 943 44 10 07, Mi–Mo 12–16, 19–23 Uhr, Pintxos ab 2 €, Gerichte ab 9 €

....

EXPERIMENTIERFREUDIG UND UNGEWÖHNLICH

....

Treffpunkt für Einheimische

Rojo y Negro ● Karte 2, A 4

Im Rojo y Negro, zu Deutsch Rot und Schwarz, baumeln die Schweinekeulen von der Decke und auf dem Tresen liegen frische Pintxos. In der einen Ecke hängt ein Fernseher, in der anderen Ecke steht ein Zigarettenautomat. Vor Kurzem wurde das Restaurant in Strandnähe

Ü
ÜBRIGENS

Laut Michelin bedeutet die höchste Auszeichnung, drei Sterne, Folgendes: Dieses Restaurant ist nicht nur einen Umweg, sondern eine ganze Reise wert. Das **Arzak**, (● Karte 3, B 1) von den Spitzenköchen Juan und seiner Tochter Elena Arzak geführt, ist definitiv eine Reise wert. Obwohl Elena 2012 in London mit dem Preis der besten Köchin der Welt ausgezeichnet wurde, ist sie bescheiden, herzlich und sehr sympathisch. Sie begrüßt ihre Gäste persönlich und erkundigt sich, ob alles in Ordnung ist. Wenn sie nicht bei ihren Gästen ist, werkelt sie in der Küche oder steht im hauseigenen Labor, in dem neue Gerichte kreiert und designt werden. Das Personal im Arzak ist professionell, freundlich, zuvorkommend und überhaupt nicht aufdringlich, das Menü nur schwer zu beschreiben. Es ist, als erlebe man tausend Geschmacksexplosionen auf einmal! Jeder Gang schmeckt einfach nur köstlich und ist unglaublich schön arrangiert. Der Wein: eine Offenbarung. Nach drei Stunden paradiesischen Wonnen verlässt man glücklich und leicht angeheitert das Restaurant, in dem schon diverse Prominente und andere Küchenchefs gespeist haben. Reservieren sollte man sechs Monate im Voraus, um einen der begehrten Tische zu ergattern. Elenas Erfolgsrezept ist vermutlich auch ihre Realitätsnähe und der Umgang mit ihren Mitmenschen. »Wir machen alle mal Fehler«, betont sie. Einer ihrer größten Fauxpas: Bei einem Praktikum in einem Pariser Restaurant sollte sie einen Apfelkuchen vorbereiten und vertauschte dabei Zucker mit Salz … (Av. Alcalde Elósegui, 273, T 943 27 84 65, www.arzak.es/en, tgl. 13.15–15.15, 20.45–22.30 Uhr, So, Mo oft geschl., durchschnittlicher Menüpreis 237 €, Getränke extra).

frisch renoviert und verköstigt nach wie vor seine treuen Besucher, die es für die traditionelle baskische Küche und die guten Weine schätzen.

Calle San Marcial, 52, T 943 35 83 82, tgl. 7–24 Uhr, Pintxos ab 2 €

Viel Fisch!

Bodega Donostiarra 🖐 Karte 2, C 2
Die Bodega, die heute besonders bei einheimischen Familien beliebt ist, verwöhnt ihre Gäste schon seit 1928 mit köstlichen Fischspezialitäten. Damals, vor gut 90 Jahren, kamen die ›wichtigen Leute‹ direkt nach einem Besuch im alten Kursaal vorbei, heute speist hier jeder, dem nach etwas Gesellichkeit ist. Gut und günstig ist das Tagesmenü.

Calle de Peña i Goñi, 13, T 943 01 13 80, www. bodegadonostiarra.com, Mo–Sa 9.30–24 Uhr, Tagesmenü 10 €, Gerichte 10–20 €

Gut Ding will Weile haben

Bar Nestór 1980 🖐 Karte 2, B 2
In dieser Pintxo-Bar in Familienbesitz weiß man: Nicht auf die Menge, sondern auf die Qualität kommt es an. Daher backen die Köche am Tag genau zwei Tortillas. Wer ein Stück abhaben möchte,

---

CCC – CHURROS CON CHOCOLATE

Schwierig auszusprechen, aber einfach zu essen. *Churros* sind eine süße Spezialität in ganz Spanien. Sie sehen aus wie zu groß geratene Pommes, bestehen aus frittiertem Teig und sind ordentlich gezuckert. Die fettigen Teigstangen tunkt man vorzugsweise in eine Tasse mit geschmolzener Bitterschokolade. Probieren Sie die Leckerbissen in der **Churreria Santa Lucía** (🖐 Karte 2, A 2), die zwar mit ihrem grellen Licht und den vielen leeren Holzbänken nicht gerade einladend wirkt – die *churros* machen das Ambiente aber wieder wett (Calle del Puerto, 6, T 943 42 50 19, Mo–So 8.30–23 Uhr, *churros* mit Schokolade ab 4,50 €).

---

lässt sich auf die Warteliste setzen. Wenn man gemocht wird, bekommt man sogar einen saftigen Quader aus der Mitte der Kartoffel-Ei-Torte. Falls Sie zu den Glücklichen gehören, essen Sie ihre Tortilla besser sofort auf. Denn auf eine Sitzgelegenheit können Sie in dem Restaurant mit nur einem Tisch lange warten.

Calle Pescadería, 11, T 943 42 48 73, Di–Sa 13–15.30, 20–23, So 13–15 Uhr, Pintxos ab 2,50 €

Kulinarische Innovationen

A Fuego Negro 🖐 Karte 2, A 2
Individuell in Einrichtung wie auch bei der Zusammenstellung der Speisen: Die Bar ›Schwarzes Feuer‹ ist alles andere als traditionell baskisch, aber eine willkommene Abwechslung für Abenteurer in Sachen Erweiterung des Geschmackshorizonts. Oliven gefüllt mit süßer Wermutpaste, Minz-Frischkäse-Melonen-Tatar, ›Schokobrownies‹ aus Rindfleisch ... Und die Liste ließe sich beliebig fortsetzen. An den Wänden hängen an die Muppets erinnernde Plüschköpfe. Einer davon ist ein Abbild des Küchenchefs selbst.

Calle 31 de Agosto, 31, T 650 13 53 73, www.afuegonegro.com, Di–Fr 18–24, Sa, So 11.30–24 Uhr, Menü um die 40 €

Das wohl beste Risotto Spaniens

Sirimiri 🖐 Karte 2, A 2
Versuchen Sie in der schmalen Bar einen Platz am Tresen zu ergattern und bestellen Sie das frisch zubereitete Pilzrisotto und dazu ein Glas Crianza – eine perfekte Kombination und eine wahre Gaumenfreude. Abgesehen davon liegen bunte Pintxos (z. B. der Mini-Burger) mit viel Gemüse aus, die ebenfalls köstlich schmecken.

Calle Mayor, 18, T 943 44 03 14, sirimirigastro leku.com/en, So–Do 12–1, Fr, Sa 12–3 Uhr, Pintxos ab 2,50 €

Käsekuchen & Co.

La Sra Colombo 🖐 Karte 2, B 4
Den wohl besten Käsekuchen *(tarta de queso)* gibt es im Restaurant Sra Colombo in einer Seitenstraße des Buen Pastor an der Plaza de Bilbao. In dem

unauffälligen Lokal sind sowohl Kuchen und Croissants als auch Pintxos und Tortilla von feinster Qualität. Gute Biere aus aller Welt.

Calle Alfonso VIII, 6, Mo–Fr 9–23, Sa, So 9–1.30 Uhr, Kuchen ca. 4 €, kleines Frühstück 3,50 €

Frisch aus dem Ofen
La Viña 🍴 Karte 2, A 1

Nanu, so spät und alle essen Kuchen? La Viña ist bekannt für seinen leckeren Käsekuchen, der im besten Fall mit einem süßen Portwein übergossen wird. Der Geruch von frischgebackenem Kuchen erfüllt das Restaurant und lockt die Menschen von der Straße in die gute Stube. Für viele Leute ist der fluffige Kuchen der beste der ganzen Stadt. Und die Pintxos sind auch gut. Kurz: der Laden läuft!

Calle 31 de Agosto, 3, T 943 42 74 95, http:// lavinarestaurante.com, Di–So 11–16, 19.30– 23.30 Uhr, Käsekuchen 5 €, Pintxos ab 2 €

Wo das Essen Kunst ist
Gandarias 🍴 Karte 2, A 2

Die Adresse für extravagante und köstliche Pintxos schlechthin, aber auch für einen Strawberry-Cheesecake, wie man ihn cremiger und kunstvoller arrangiert

wohl nicht bekommen kann: Er wird auf einer schweren Steinplatte mit Himbeersauce serviert – einfach gut!

Calle 31 de Agosto, 23, T 943 42 63 62, www. restaurantegandarias.com/en, tgl. 11–24 Uhr, Kuchen 5 €, Tapas ab 2 €

Hässliche Tomate
La Cuchara de San Telmo 🍴 Karte 2, A 1

Hässliche Tomate (sp. *tomate feo*) – so heißt tatsächlich das erste Gericht auf der Karte und ich kann Ihnen nur ans Herz legen, dieser Tomate eine Chance zu geben. Viele sind der Meinung, es sei die leckerste, die sie je gegessen haben. Auch die anderen Gerichte auf der knappen Menükarte sind exquisit. Da die Donostiarra das längst erkannt haben, ist das Restaurant rund um die Uhr gut gefüllt – und für einen der begehrten Sitzplätze auf der Terrasse stehen die Leute Schlange. Kommen Sie direkt, wenn das Restaurant mittags bzw. abends öffnet, dann können Sie das Essen in Ruhe genießen.

Calle de Santa Corda, 4, T 943 44 16 55, www. lacucharadesantelmo.com, Di–So 12–17, 18–24 Uhr, kleine Portion ab 7 €

Natürlich finden sich in einer Stadt wie San Sebastián, in der die Menschen von gutem Essen geradezu besessen zu sein scheinen, auch sehr engagierte Kochschulen.

ZUM SELBST ENTDECKEN

Shoppen einfach gemacht

Wer gern shoppt, wird sich in San Sebastián wohlfühlen, denn die Stadt ist voll von kleinen, individuellen Boutiquen und Feinkostläden. Für einen Bummel eignen sich besonders die Straßen **Bergara, Getaria und San Marcial** im Zentrum und die Sträßchen rund um den **Mercado San Martín** (▸ S. 53).

Einkaufen und Gutes tun

Haben Sie die Hälfte Ihres Gepäcks daheim vergessen und brauchen auf die Schnelle günstigen Ersatz? Schauen Sie doch mal in den Secondhand-Laden **Emaús Social Factory** (▸ S. 55) in der Calle Mundaiz, 6. Er birgt eine riesige Auswahl an Kleidung für Damen, Herren und Kinder. Außerdem können Sie hier Schmuck, Sonnenbrillen, Bücher und Möbel kostengünstig bekommen.

Die Baskenmütze war einmal

In San Sebastián sind vor allem die kleinen, individuellen Geschäfte zu Hause. Ein kreatives T-Shirt-Geschäft hier, ein Schokoladenladen dort, eine traditionelle Weinhandlung da. Nichts für gestresste Schnellshopper, denn die Donostiarra kaufen mit Muße ein.

Eine Vielzahl an traditionellen Läden für Mode, Accessoires und Souvenirs finden Sie in der Altstadt. Das Zentrum ist gepflastert mit Geschäften, die alle Kaufgelüste befriedigen können. Im jungen Stadtteil Gros finden Sie vorwiegend Vintage- und Secondhand-Mode. Die breite Avenida de la Libertad im Zentrum ist die einzige Meile mit bekannten Marken wie H&M, Sephora und Oysho.

Alles ist im Umkreis von 2 bis 3 km ganz einfach zu Fuß zu erreichen. Die meisten Geschäfte haben von 10 bis 20 Uhr geöffnet und schließen für die Siesta zwischen 13 und 16 bzw. 17 Uhr. Kaufhäuser gibt es auch, allerdings liegen diese etwas außerhalb.

Modetechnisch ist in der Stadt von allem etwas dabei, vom eleganten Outfit bis hin zu luftiger Strandmode. Die typischen Donostiarra kleiden sich frech, bunt und alternativ. Die klassische Baskenmütze hingegen wird fast nur noch von der älteren Generation getragen.

Nach wie vor ein beliebtes Mitbringsel: die Baskenmütze.

BÜCHER UND MUSIK

Bücher 4 free
Metropolis 🛍 Karte 2, D 1
Nehmen Sie sich gratis ein Buch aus der Boutique Metropolis mit und lassen Sie ein bereits gelesenes von sich da. Abgesehen von Büchern hält die Boutique erschwingliche Sommermode in frischen Pastelltönen parat.
Calle de Usandizaga, 27, T 943 90 03 72, www.metropolisplatz.com, Mo–Sa 10.30–14, 16–20, So 12–14.30 Uhr

Oldschool
Erviti 🛍 Karte 2, B 4
Gäbe es einen weiteren Harry-Potter-Film, könnte das Erviti die perfekte Kulisse für einen Zauberladen bieten. Musikinstrumente und allerlei Zubehör für Musiker finden sich in dem alten Laden gegenüber der Kathedrale Buen Pastor.
Calle de San Martín, 28, T 943 42 65 36, www.erviti.com, Mo–Fr 10–13.30, 16–20, Sa 10–13.30 Uhr

Nochmal lesen
Re-Read 🛍 Karte 2, E 1
Bücher müssen nicht im Regal verstauben, sie können auch weitergereicht werden. Im Zweite-Hand-Buchladen in Gros werden gebrauchte Bücher zum kleinen Preis verkauft. Es kommt hier auf die Menge an: Ein Buch kostet 3 €, zwei Bücher kosten 5 € und fünf Exemplare verlassen für 10 € den Laden. Auch wenn Sie ein Buch loswerden wollen, ist Re-Read die richtige Adresse.
Calle de Segundo Izpizua, 13, T 943 55 82 75, www.re-read.com, Mo–Sa 10–14, 16.30–20.30 Uhr

Schönes Papier
Fnac 🛍 Karte 2, B 4
Oberhalb des Mercado San Martín, im Kaufhaus Fnac, befindet sich eine Buch- und Papeterie-Abteilung. Briefpapier, kleine, liebevoll designte Heftchen, Ordner, Geldbörsen und Büroklammern in Form von Fotoapparaten und Herzen – alles, was den Alltag im Büro versüßt, finden Sie hier.
Centro Comercial San Martín, Calle de Loiola, s/n, www.fnac.es, Mo–Sa 10–21.30 Uhr

DELIKATESSEN UND LEBENSMITTEL

Wein mit Geschichte
Vinos Ezeiza 🛍 Karte 2, C 5
Der älteste Weinladen der Stadt lädt Sie zu einer Weinprobe der besonderen Art ein. Der herzliche Verkäufer informiert Sie über die Geschichte der Weinhandlung, über seine einzelnen Produkte und berät Sie, welches Getränk am ehesten Ihren Vorlieben entspricht. Zu den baskischen Spezialitäten gehören Patxaran, ein Schlehenlikör, Txakoli und Cidre. Außerdem finden Sie eine reiche Auswahl an Käse.
Calle de Prim, 16, T 943 46 68 14, www.vinos ezeiza.com, Mo–Sa 10–20 Uhr

Für Bierfans
Kañabikaña Craft Beer Shop
🛍 Karte 2, D 1
In diesem Bierhandel gibt es 18 verschiedene Zapfhähne, aus denen sorgfältig ausgesuchte lokale und internationale Biere fließen.
Avenida de Zurriola, 36, T 943 32 14 09, kaina bikaina.com, Di–So 12–14.30, 17–22 Uhr

Feines für Feinschmecker
Aitor Lasa 🛍 Karte 2, B 2
Da läuft einem gleich das Wasser im Munde zusammen … Im Delikatessenhandel Aitor Lasa darf man am Käse und an den Pilzen nicht vorbeilaufen. Einpacken und mitnehmen! Neben dem selbstgemachten Käse und den sorgfältig ausgesuchten Äpfeln und Pilzen gibt es auch Nudeln, Oliven, Wein und saisonale Früchte aus der Region. In dem süßen Laden fühlt sich das Einkaufen mit Muße an wie vor Jahrzehnten.
Calle de Aldamar, 12, T 943 43 03 54, www.aitorlasa.com, Mo–Fr 8.30–14, 17–20, Sa 8.30–14.30 Uhr

Schokoladen-Laden
Pastelería Oiartzun 🛍 Karte 2, A 2
Die baskische Küche hat neben deftigen Pintxos und feinen Meeresfrüchten auch

Die kleinen Gassen der Altstadt mit ihren winzigen Lädchen und Boutiquen sind beliebt und belebt.

süße Köstlichkeiten in petto. Probieren Sie Kuchen, Törtchen und Pralinen nach typisch baskischem Rezept in der Pastelería Oiartzun am Rathaus. Die Auswahl ist gigantisch und der Preis klein. Es gibt auch laktose- bzw. zuckerfreie Pralinen.
Calle de Igentea, 2, T 943 42 62 09, www. pasteleriaoiartzun.com, Mo–So 7–21 Uhr

GESCHENKE, DESIGN UND KURIOSES

Handgemachtes aus dem Baskenland
Pohorylle 🗺 Karte 2, A 2
Die praktischen Rucksäcke von Pohorylle sehen nicht nur schick aus,

sie sind auch handgemachte Unikate. Das Designertrio aus San Sebastián arbeitet seit 2016 an den feschen Rucksäcken (ab 89 €) und hat seit 2018 einen Laden in der Altstadt.
Calle de Embeltrán, 2, T 616 04 61 46, www. pohorylle.com, Di–Sa 10.30–13.30, 17–20 Uhr

Geschenke aus Donostia
María Kala's Regalos & Hogar
🗺 Karte 2, A 4
Denken Sie an Ihre Liebsten zu Hause und bringen Sie eine Kleinigkeit aus dem Urlaub mit. Bei María Kala's gibt es Stofftaschen, Teller, Bilder und Uhren mit Motiven aus der Region (z. B. von der La-Concha-Bucht). Schmuck, Kleidung und Gadgets für den Haushalt sind auch dabei.
Calle de Easo, 8, T 943 44 18 60, mariakalas. com, Mo–Sa 10.30–14, 16.30–20 Uhr

Charmant und witzig
Pickle 🗺 Karte 2, A 2
»Hi, I am a dogtor« steht in der Sprechblase über einem Hund. Kreativ und witzig sind die Sprüche, Bilder und Karikaturen auf den T-Shirts von Pickle (ab 10 €). Wer seinen Lieblingsspruch nicht auf dem T-Shirt mag, kann die entsprechende Grafik auch als Bild erwerben.
Calle de Narrica, 5, www.pampling.com, Mo–Do 10.30–21, Fr, Sa 10.30–21.30, So 10.30–20 Uhr

Fahrrad & Klamotte
Miner 🗺 Karte 2, D 2
Witzige Kombination: Im Obergeschoss gibt es schöne Retro-Fahrräder, im

---

POP-UP-CHIC IM HOTEL LONDRES

An manchen Tagen im Sommer verwandelt sich der glamouröse Veranstaltungsraum des **Hotels Londres** (▶ S. 80) in einen exklusiven Modemarkt. Kleider, Modeschmuck, Taschen, Schuhe, besondere Bademode – alles, was Frau will. Dabei sind die angebote-nen Waren erstaunlich günstig. Ein Armband bekommen Sie schon ab 15 €, ein Kleid ab 25 €. Einkaufen auf dem roten Teppich und unterm Kronleuchter – ein Kauferlebnis mit einem Touch Luxus (Infos unter: popupchic.com/localizaciones/san-sebastian-hotel-londres).

Untergeschoss lässig-sportliche Mode und Rucksäcke für Junggebliebene. Der stylische Laden könnte genauso auch in einem alternativen Viertel Berlins sein.

Calle de Ronda, 7, T 943 27 10 50, auf Facebook unter Miner bicis urbanas, Mo–Fr 10–13, 16–20, Sa 10–13.30, 16.30–20 Uhr

Mit ganzem Herzen dabei
Rumbo Propio ♿ Karte 2, A 1
Die sympathische Designerin steckt all ihre Kreativität, Liebe und Zeit in die kleinen Kunstwerke, die sie entwirft. Darunter finden sich Decken, Schmuck, Postkarten und Dekostücke für zu Hause. Die Liebe zum Detail spiegelt sich in all ihren Sachen wieder. Ein tolles Geschäft zum Stöbern und Kaufen von besonderen Mitbringseln.

Calle 31 de Agosto, 12, T 943 56 57 77, rumbo propio.com, Mo–Sa 11–14, 17–20 Uhr

Baskisches Design
Room 278 ♿ G 5
Nehmen Sie ein Erinnerungsstück von Ihrem Urlaub mit nach Hause. Die Kissen, Bilder und Taschen mit Motiven aus San Sebastián sind eine Hommage unterschiedlicher Künstler an ihre Lieblingsstadt und perfekt für Ihr Zuhause. Gerne fertigt man Ihnen auch ein spezielles Stück an, wenn Sie etwa ein personalisiertes Kissen für jemanden daheim haben möchten. Einfach nur nachfragen!

Calle de Larramendi, 7, T 943 84 05 88, www.room278shop.com, Mo–Do 10–14, 16.30–19.30, Fr 10–14 Uhr

Schmuck zum Selbermachen
Cuentería Lakú ♿ Karte 2, B 4
Nicht nur Kinder basteln gerne. In diesem Laden finden Sie über hundert verschiedene Anhänger und Motive, aus denen Sie Ihren ganz individuellen Modeschmuck basteln können. Die meisten Stücke haben eine Beziehung zum Meer. So finden Sie hier beispielsweise übergroße Seesterne als Kettenanhänger, blaugrüne Muscheln und pinkfarbene Seepferdchen aus Plastik – alles sehr preiswert. Und wenn es

ÜBRIGENS

Die Baskenmütze, die auf Baskisch *txapela* heißt und die Napoleon III. *béret basque* nannte, kommt eigentlich aus der französischen Region Béarn und sollte nicht mit dem Barett verwechselt werden, einer militärischen Kopfbedeckung aus Frankreich. Ursprünglich handelte es sich bei dem Deckel aus Schurwolle oder Filz um die Kopfbedeckung der Schäfer. Der Hut ist so groß wie ein Essteller und hat einen Stummel in seiner Mitte, wo in früherer Zeit noch ein Bommel befestigt war. Mittlerweile ist er in allen möglichen Formen und Materialien erhältlich und hat Kultstatus erreicht, und das nicht nur im Baskenland. Schon Marlene Dietrich, Pablo Picasso und Catherine Deneuve trugen ihn stolz auf ihrem Haupt. Was einst Schafhirten und Landarbeitern als Sonnenschutz diente, ist längst ein modisches Accessoire. In der Calle de Narrica 4 finden Sie die Sombreria **Casa Ponsol** (♿ Karte 2, A/B 2), die sich auf Baskenmützen und andere Herrenhüte spezialisiert hat (T 943 42 08 76, www.casaponsol.com, Mo–Fr 10–13, 16–20, Sa 10–13.30, 16–20 Uhr). Suchen Sie nach einer simplen Mütze für Freunde und die Familie, tut es auch ein einfaches Modell aus einem der Souvenirläden.

nichts für Sie ist, dann vielleicht ein Mitbringsel für Ihre Mutter?

Calle de Urbieta, 5, www.lakuweb.com, Mo–Sa 10–14, 17–20.30 Uhr, Anhänger ab 0,50 €

MODE UND ACCESSOIRES

Sei anders!
Be different ♿ Karte 2, E 1
Das ist das Motto des kaum 8 m² großen Vintage- und Secondhand-Shops in unmittelbarer Strandnähe in Gros. Interes-

Das Ekain in der Altstadt (▸ S. 23) verkauft Werke lokaler Künstler. Schöne Mitbringsel für daheim!

sante, alternative Kleidung zum kleinen Preis.

Calle de Zabaleta, 59, T 943 04 36 15, auf Facebook, Mo–Mi, Fr 11–14, 16–19, Do 11–14, 17.30–21, Sa 11–14, 17–20 Uhr

Der Charme vergangener Tage
Vintage Closet 🛍 Karte 2, D 1
Detailverliebtes Vintage-Geschäft mit Mode für Sie & Ihn aus den letzten Jahrzehnten. Schlaghosen, Hüte, Uhren, Schmuck, Jacken und bunte Shirts werden Sie glücklich machen.

Calle de Zabaleta, 43, T 843 98 32 81, auf Facebook, Mo 17–20, Di–Sa 11–13.30, 17–20 Uhr

Feminin und reif
Intropia 🛍 Karte 2, B 3
Feine Stoffe, extravagante Schnitte und dabei nicht zu aufdringlich. Schwierig, die richtige Balance zwischen schlicht und auffällig zu finden. Die Designer des Labels Intropia machen es möglich. Wenn Ihnen raffiniertee Details gefallen, dann sind Sie hier goldrichtig.

Calle Txurruka, 6, T 943 42 56 34, intropia.com, Mo–Sa 10.30–20 Uhr

Einmal alles, bitte!
Emily's Nook 🛍 Karte 2, D 1
Bei Emily's Nook stehen nicht nur Schmuckstücke, Bilderrahmen, Bikinis und Tücher zum Verkauf, sondern auch die schönen Holzkommoden, auf denen sie ausliegen. Bunt, frech, macht gute Laune.

Calle Ramón y Cajal, 5, T 943 29 36 88, www.emilysnook.com, Mo–Fr 11–13, 17–20, Sa 11–14, 17–19.30 Uhr

Zeitreise
Acanto 🛍 Karte 2, D 1
Eine Schatztruhe! Voll mit Täschchen, Kleidchen, Brillen, Möbeln aus vergangenen Zeiten. Interessante Einzelteile, ein wahrer Fundus für Vintage-Fans. Diee Sachen sind sehr gut erhalten, haben aber auch ihren Preis.

Calle Ramón y Cajal, 4, T 943 28 93 74, www.acantorestauracion.com, Öffnungszeiten s. Website

Wilde Mode
Kilukamiluka 🛍 Karte 2, C 3
Der Laden Kilukamiluka sticht ins Auge – nicht nur wegen seines besonderen Namens. Es gibt Abendkleider, Accessoires und Pullover. Draußen vor dem Eingang wartet immer eine Kleiderstange mit den aktuellen Angeboten. Witzige Mode zum Schnäppchenpreis.

Calle San Marcial, 9, T 943 11 43 58, www.kilukamiluka.com, Mo–Sa 10.30–13.30, 16.30–20 Uhr

Von schlichter Eleganz
ese O ese 🛍 Karte 2, B 4
Mein persönliches Lieblingsgeschäft, wenn es um Kleidung geht. Elegante Mode für den Alltag von hoher Qualität. Keine extremen Farben, keine auffälligen Muster, sondern klassische und zeitlose Schnitte. Neben Hemden und Hosen finden Sie hier auch schlichten Modeschmuck, Brillen, Taschen und Schuhe.

Calle de Getaria, 6, T 943 55 95 24, www.eseoese.com, Mo–Sa 10–20.30 Uhr

Darf's eine Prise Extravaganz sein?
D'Closet 🛍 A 2
Ein Laden wie ein Kleiderschrank. Rechter Hand finden Sie reduzierte

Ware, linker Hand die neue Kollektion. Schöne, stilvolle Farben und Schnitte, immer ein bisschen extravagant. So kann man subtil auffallen. Auch das Preis-Leistungs-Verhältnis stimmt hier. Schauen Sie einfach mal rein und gönnen sich ein neues Kleidungsstück aus San Sebastián. Extra-Bonus: Im Gegensatz zu vielen anderen Geschäften können Sie hier auch während der Siesta und am Sonntag bummeln gehen.

Calle Mayor, 12, T 943 42 67 82, auf Facebook, tgl. 11–20.30 Uhr

Auf der gleichen Wellenlänge
SIX Store 🛍 Karte 2, C 2
San Sebastián ist eine Surferstadt und mit dem Surfer-Lifestyle geht natürlich auch die Mode einher. Im SIX Store direkt neben dem Kursaal am Zurriola-Strand findet sich eine kreative Auswahl an schönen Stoffen, Sommerschuhen, Rucksäcken und Bademode.

Avenida de la Zurriola, 1, auf Facebook, T 943 32 19 43, tgl. 10–20 Uhr

Die Kombi macht's
A pies juntillas 🛍 Karte 2, B 5
Der individuelle Klamottenladen bietet neben Neuware auch schöne Dinge aus zweiter Hand für den kleinen Geldbeutel an (auch Herrenmode). Die Gründerin des Labels ist eine Verfechterin der Recycling-Idee und verkauft deshalb auch gebrauchte Sonnenbrillen und Hüte. Ihre Kollektion und Auswahl folgt keiner bestimmten Stilrichtung – der Mix macht's.

Calle San Bartolomé, 9, T 943 59 89 55, apies juntillas.com, Mo–Fr 10–13, 16.30–20, Sa 11–13.30, 17–19.30 Uhr

Secondhand, Vintage und neu
Pas si simple 🛍 Karte 2, C 2
Von allem etwas: Im oberen Bereich des Bekleidungsladens gibt es schlichte und lässige Mode für die Dame. Im Untergeschoss werden Vintage-Möbel sowie Kleidung, Schuhe und Accessoires aus zweiter Hand verkauft.

Paseo de Colón, 3, T 943 05 44 09, www.passi simple.es, Mo–Sa 10.30–13.30, 16.30–20 Uhr

Schöner Schein
Domitila 🛍 Karte 2, B 3
Schon das Schaufenster betört mich und ich muss einfach stehen bleiben und einen Blick hineinwerfen. Wunderschöne, schlichte Ketten mit Weltkugeln als Anhänger in Silber und Gold, dünne Armbändchen und Ringe mit kleinen Edelsteinchen – einfach schön. Auf zwei großen Kleiderstangen findet man die passenden Kleider und Röcke, Tücher und Hüte zum Schmuck.

Calle de Bergara, 4, T 943 43 45 12, auf Facebook, Mo–Sa 10–13, 16–20 Uhr

KinderKram
Bonnet à Pompon 🛍 Karte 2, C 3
Inspiriert vom Pariser Schick der Bohème produziert die Marke Baby- und Kindermode in Spanien. Hosen, Kleidchen und Mützen sind zu 100 % aus natürlichen Stoffen wie Baumwolle und Kaschmir. Süß, entspannt und elegant soll die Mode für die Kleinen sein. Es gibt noch weitere Filialen in Spanien und einen Online-Shop.

Calle San Marcial, 4, T 943 43 53 85, www.bonnetapompon.com, Mo–Sa 10.30–14, 16.30–20 Uhr

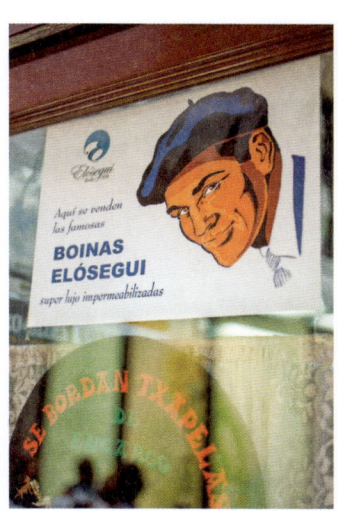

Sie ist im Stadtbild nicht mehr so vertreten wie einst, aber es gibt sie noch: die Baskenmütze. Auch zu kaufen!

Für jeden etwas!
Was das abendliche Ausgehen angeht, wird in San Sebastián wohl jeder glücklich. Die Auswahl ist riesig. In der **Altstadt** verbinden die Donostiarra ihr Getränk immer mit ein paar Pintxos an der Bar. In einigen Lokalen wird anschließend die Musik aufgedreht und getanzt. Wem der Sinn nach einem gemütlichen, aber stilvollen Weinchen steht, der ist in der **Calle de Peña y Goñi** im Viertel Gros gut aufgehoben. In der schnuckeligen Fußgängerzone, die auf den Kursaal zuläuft, finden Sie rechter und linker Hand einige edle Bars und Restaurants. Und wer Lust auf einen Wein und nette Gespräche hat, um seine Spanischkenntnisse aufzubessern, der ist am frühen Donnerstagabend in der **Calle de Zabaleta** (S. 16) oder im **Mercado San Martín** (▶ S. 53) gut aufgehoben.

Kurze Tage, lange Nächte

Manche Menschen in San Sebastián scheinen nur nachts zu leben. Verständlich, kann man doch die warmen Sommernächte in Strandnähe auskosten und sich der Unbekümmertheit der spanischen Fiestas hingeben. So etwas wie Sperrstunde ist hier ein Fremdwort. Die Auswahl der Amusements ist breit gefächert und jeder Nachtschwärmer kommt auf seine Kosten. Es gibt nur wenige typische Discos, dafür eine Unmenge an Tanzlokalen und Bars, in denen am späten Abend das Essen weggeräumt und die Musik aufgedreht wird.

Zu lateinamerikanischen Rhythmen tanzen und zwischen Pintxo-Bissen quatschen? Dazu eine, zwei, drei *cañas?* (Eine *caña* ist ein kleines Bier.) In den Bars herrscht ein sympathisches Drunter und Drüber, bei dem man garantiert schnell mit den liebenswürdigen Locals ins Gespräch kommt.

Ein ›zu alt‹ gibt es auch nicht, denn feiern darf jeder, der Lust dazu hat. Die größte Party spielt sich ohnehin weniger in den Lokalitäten ab, als viel mehr draußen auf der Straße, vor den Bars. Die Calle de Fermín Calbetón in der Altstadt ist eine der lebhaftesten in ganz San Sebastián. Da die Bars und Restaurants in dieser Straße häufig schon am frühen Abend überquellen, bilden sich vor ihren Eingangstüren Menschentrauben, die sich nur für den Pintxo- und Biernachschub ins Innere drängen. Und steht Ihnen der Sinn nach einer ausgiebigen Tanznacht, dann lassen Sie es Samstagnacht krachen.

Das Karussell am Beginn der La-Concha-Promenade lädt zum nächtlichen Vergnügen ein.

BARS UND KNEIPEN

Stilsicher
Swing Bar ⚙ Karte 2, A 4
Die Swing Bar, die zu dem luxuriösen Hotel Londres (▶ S. 80) gehört, besticht sowohl mit ihrer Lage als auch mit Gemütlichkeit. Man kann direkt an der Fensterfront sitzen und entweder die Passanten während ihres Strandspazierganges beobachten oder der Sonne zusehen, wie sie ganz langsam immer röter wird und im Meer versinkt.
Calle de Zubieta, 2, T 943 44 07 70, www.hlondres.com/es/bar-swing, Mo–So 8–1, Sa 8–2 Uhr

Gleich um die Ecke
Coté Cocktailbar ⚙ Karte 2, A 2
Die traditionellen Pintxo-Bars sind ebenso aufregend wie rustikal und einfach. Nach dem dritten Abend im Getümmel mit Fingerfood an der Bar, steht einem der Sinn manchmal nach etwas Gemütlicherem. Für ein edles Getränk sind Sie im Coté am besten aufgehoben. Die Mini-Bar macht ihrem Namen alle Ehre und versteckt sich gekonnt in einer Seitenstraße der Calle Mayor, die auf die Kirche Santa María zuläuft.
Calle de Fermín Calbetón, 48, T 943 43 32 10, Mo–So 17–3, Fr, Sa 17–4.30 Uhr

Mehr Meer
El Perlón ⚙ E 4/5
Hier geht es entspannt zu, es gibt leckeres Essen und zu jedem Drink eine frische Meeresbrise gratis. Die Terrasse des El Perlón gehört zum La-Perla-Spa-Komplex (▶ S. 59), der unmittelbar am La-Concha-Strand liegt. Das Highlight dieser Bar ist die tolle Sicht auf die Insel Santa Clara und den klaren Sternenhimmel.
Paseo de la Concha, 16, T 943 46 24 84, auf Facebook, Mo–So 7–22 Uhr

Gin & Tonic aus dem Chemielabor
La Gintonería ⚙ Karte 2, D 2
Das Chemielabor lässt grüßen. Bestellt man in der Gintonneria einen der hundert verschiedenen Gin Tonics, fragt die Barkeeperin mit Sicherheit, ob man bei der Zubereitung zuschauen möchte.

ÜBRIGENS

Während der vielen Festivitäten in den Sommermonaten werden u. a. am Hafen, auf der Plaza de la Constitución in der Altstadt und in Sagüés am Zurriola-Strand Bühnen aufgebaut. Wenn Sie vorbeischlendern und Ihnen gefällt die Musik, dann tanzen Sie einfach mit. Das musikalische Angebot ist riesig. Die Konzerte finden ›open air‹ statt und sind kostenlos.

Merkwürdige Frage, denn normalerweise reicht das Endprodukt ja aus … Sogleich wird einem allerdings bewusst, weshalb man zum Zuschauen animiert wurde. Es zischt, schäumt, sprudelt und leuchtet im Glas, sobald die Barkeeperin diverse Zutaten hineinwirft. Das bunte Getränk dampft noch ein wenig vor sich hin, während man es zu seinem Tisch trägt. Nicht nur optisch, sondern auch geschmacklich ein wahres Kunstwerk.
Calle de Zabaleta, 6, T 943 02 19 56, So, Di–Do 11–1, Fr, Sa 12–2.30 Uhr, Gin & Tonic ab 9 €

Kneipenkultur
Etxebe ⚙ Karte 2, A 2
Während viele andere Bars in der Altstadt modernisiert wurden und ihre Preise für Touristen angehoben haben, ist das Etxebe einfach so geblieben, wie es schon immer war. Vermutlich verirrt sich deshalb nie ein Tourist in die kleine Eckkneipe. Ein großer Fehler, denn authentischer kann man die baskische Kneipenkultur nicht kennenlernen.
Calle de Iñigo, 6, T 943 42 13 40, ab 18 Uhr

Für ganz späte Nachtschwärmer
Pokhara ⚙ Karte 2, C 5
Die Kneipen und Pintxo-Bars schließen so langsam, aber sicher. Unter der Woche sieht es mit dem Gläschen Wein ab Mitternacht schlecht aus. Nicht aber in der versteckten Eckkneipe Pokhara in der Área Romántica im Zentrum. Auch um 2 Uhr morgens wird hier noch kräf-

tig Bier ausgeschenkt, die Musik aufgedreht und gelacht. Besonders beliebt ist
die Bar bei männlichen Donostiarra um
die 30 bis 40 Jahre.

Calle de Sánchez Toca, 1, T 943 45 50 23, auf
Facebook, Mo–Fr 7.30–2.30, Sa, So 15–2.30 Uhr

Über den Wolken
Hotel Bar Mercure ☼ A 3
Von der Bar des Hotels Mercure (▶ S.
79) ist die Sicht auf die La-Concha-
Bucht und die Gebirge im Umland
einmalig. Am Horizont kann man bereits
Frankreich erahnen. Auf der anderen Seite
sieht man auf die traumhafte Küste des
Baskenlandes Richtung Bilbao. Der Ausblick und die herrlich bequemen Sessel
machen die Bar zu einem absoluten Muss
bei einem Besuch in San Sebastián. Nicht
vergessen: Die letzte Bahn hinab ins Tal
fährt um 22 Uhr.

Paseo del Faro, 134, T 943 21 02 11, www.
monteiguelo.com/restaurantes-celebracio
nes-eventos-bodas-san-sebastian

Irischer Vibe
Molly Malone ☼ F 4
In San Sebastián gibt es tatsächlich
einige Irish Pubs, das urigste unter
ihnen liegt etwas abgelegen am La-
Concha-Strand und ist auf jeden Fall
einen Besuch wert, wenn man Lust auf
ein Bier in gemütlicher Atmosphäre hat.
Das Pub ist groß und geräumig, mit viel
Liebe zum Detail und viel knarrendem
Holz eingerichtet und meistens gut
gefüllt. Häufig finden Konzerte oder
Karaoke-Abende statt.

Calle de San Martín, 55, T 943 469 822, Do–Sa
18–3, So 18–24 Uhr

Fiesta drinnen und draußen
Atari ☼ Karte 2, B 5
Das Restaurant Atari befindet sich direkt
am Eingang der Kirche Santa María in
der Altstadt und bietet nicht nur etwas
für den Gaumen, sondern auch fürs
Auge. Die Pintxos sind bunte Kunstwerke und bestehen u. a. aus viel frischem
Gemüse. Abends wird die Musik aufgedreht und an der Bar getanzt. Im Sommer kann man sein Getränk auch mit
hinaus zur Kirche nehmen und es auf
den Treppenstufen genießen. Oder man
hat Glück und ergattert gleich einen der
beliebten Tische auf der Terrasse.

Calle Mayor, 18, T 943 44 07 92, auf Facebook,
Sa–Do 12–2, Fr 12–3 Uhr

*Es wird Nacht in San Sebastián – doch der Kursaal erstrahlt in goldenem Licht.
Ein echter Hingucker!*

Craft-Beer-Liebhaber aufgepasst!
Mala Gissona ☼ Karte 2, E 1
In diesem baskischen Brauhaus bekommen Sie regionale Biere, die nach traditionellen Rezepten gebraut wurden. Ein Glücksgriff, insbesondere, wenn Sie herbe und bittere Biersorten mögen.
Calle de Zabaleta, 53, T 943 04 56 15, www.malagissona.beer/eng, Sa 12–1.30, So 12–24, Mo–Mi 17–23.30, Do 17–0.30, Fr 13–1.30 Uhr

TanzBar
Arkaitzpe Disco Pub ☼ Karte 2, A 2
Mögen Sie heute tanzen oder doch lieber gemütlich einen Drink nehmen? Kein Problem, Sie müssen sich nicht gleich entscheiden. Das Arkaitzpe ist sowohl Bar als auch Diskothek. Sind Sie erst einmal drin, nippen an Ihrem ersten Drink und hören die spanischen Gassenhauer, fangen Sie bestimmt automatisch an zu tanzen. Die Bar-Diskothek verteilt sich auf zwei Etagen.
Calle Mayor, 14, T 943 42 18 67, auf Facebook, Sa–Mi 15–3, Do, Fr 15–4.30 Uhr

Cocktail bei Madame
La Madame ☼ F 5
Eine der wenigen Bars, die sowohl ausgezeichnete Cocktails als auch einen üppigen Brunch am Wochenende anbieten. Frei nach dem Motto: Am Wochenende gönnen wir unserem Gaumen etwas Gutes. Am Abend werden Sie mit bunten Cocktails in der Lounge verwöhnt, am Morgen mit einem großen Buffet. Zuvorkommendes, nettes Personal, exklusive Lage, gute Stimmung.
Calle de San Bartolomé, 35, T 943 44 42 69, www.lamadamesansebastian.com/en, Mo, Mi 18–1, Do 18–2, Fr 18–3, Sa 12–17, 20–3, So 12–17, 20–1 Uhr; Brunch Sa, So 12–16 Uhr, 20 €

Luxus zum Drink
EL Bar de Gorka ☼ Karte 2, B 3
Steht Ihnen der Sinn nach ein bisschen Luxus? In der neuen Bar des Hotels Room Mate Gorka an der Plaza Gipuzkoa nehmen Sie Ihren Cocktail auf Designersesseln unter Kronleuchtern ein. Echt edel!
Plaza de Gipuzkoa, 11, T 843 98 42 00, room-matehotels.com/de/gorka

---

KINO-VERGNÜGEN

In San Sebastián gibt es eine Handvoll Kinosäle. Zentral gelegen ist das **Principe** in der Altstadt, in dem sowohl Blockbuster im Original auf Englisch (manchmal auch Französisch) als auch lokale Filme auf Spanisch oder sogar auf Baskisch vorgeführt werden. Informieren Sie sich unbedingt vorab, in welcher Version und ob mit oder ohne Untertiteln der Film läuft (Calle de San Juan, 10, www.sadecine.com, mittwochs Kinotag, vergünstigter Eintritt). In der **Tabakalera** (▶ S. 47) werden häufig kostenlos Filme gezeigt. Hier ist es ratsam, sich im Voraus auf der Internetseite zu informieren: www.tabakalera.eu.

Gesellige Runde
Bar El LOBO ☼ Karte 2, C 2
Der Abend ist noch jung und Sie wollen noch nicht nach Hause gehen? Im EL LOBO im Viertel Gros finden sich auch spät noch gesellige Gruppen zusammen. Nehmen Sie einen Drink oder auch zwei ... und probieren Sie das köstliche Pilzrisotto, das mit 3 € obendrein noch sehr preiswert ist.
Calle de Peña y Goñi, 6, T 943 55 82 56, Di–Do 9–23, Fr, Sa 9–2, So 9–23 Uhr

LIVEMUSIK

Alternativ und abwechslungsreich
Dabadaba ☼ Karte 2, D 5
Der Name ist Programm. Ein bunt gemischtes Unterhaltungsprogramm von Jazz über Techno zu lateinamerikanischen Beats, Hip-Hop und elektronischer Musik. Das Dabadaba ist so herrlich unkonventionell und immer für eine musikalische Überraschung gut. Die Bühne bietet auch Raum für lokale Musiker, Open-Mike-Veranstaltungen und für Schüler der Musikhochschule des Musikene aus San Sebastián.

Wenn die Nacht beginnt

Calle de Mundaiz, 8, T 943 26 58 26, www.
dabadabass.com, Mo–Mi 17–23, Do 17–1, Fr,
Sa 17–4, So 17–23 Uhr, Eintritt je nach Event
zwischen kostenlos und 15 €

Plan B für jeden Tag
Altxerri JazzBar ☼ Karte 2, B 2
In der Jazzbar am Boulevard ist jeden
Abend etwas los. Sorgfältig ausgewähl-
te regionale Künstler sorgen mit ihren
Live-Auftritten für das auditive Wohl
der Gäste. Meistens ist der Eintritt frei
und man kann ganz spontan in den
gemütlichen Teil des Tages abtauchen.
Im wahrsten Sinne des Wortes, denn
das Altxerri liegt versteckt unterirdisch.
Wenn also mal keine Einigkeit über die
Abendplanung herrschen sollte – die
gemütliche Jazzbar ist immer ein guter
Anfang.
Calle de la Reina Regente, 2, T 943 42 16 93,
altxerri.negocio.site, Di–Sa 19–4, So 19–24 Uhr,
Eintritt variiert

After work
Le Bukowski ☼ Karte 2, E 5
Das Bukowski ist eine der beliebtesten
Bars – geschätzt von den Einheimischen,
die hier ihr Feierabendgetränk zu sich
nehmen und den ein oder anderen Tanz

Beichten? Nein, tanzen! Das **La Crip-**
ta (🏠 Karte 2, B 5) war bis vor Kurzem noch ein Ort der Reue und der
Stille und ist jetzt eine originelle Bar
im Keller einer Herberge. Ursprünglich
stand hier ein Kloster. Beichtstühle,
Orgel und Steinwände sind noch
originalgetreu erhalten. Nur der
Anlass, um die Cripta zu besuchen,
hat sich geändert. Die Beichtstühle
stehen nur noch zur Dekoration in
der geheimnisvollen Bar. Auf der
Bühne treten regelmäßig baskische
Gesangstalente und regionale DJs auf
(Calle Easo, 20, Infos auf der Website
www.conventgardensansebastian.
com/cripta, Eintritt kostenlos).

aufs Parkett legen. Manche behaupten
sogar, hier würde die beste Livemusik der
Stadt gespielt. Das Publikum ist etwas
reifer als in anderen Bars der Stadt.
Calle de Egia, 18, T 943 32 11 42, Mo–Mi 10–23,
Do 11–2, Fr 11–4, Sa 19–4, So 19–24 Uhr

TANZEN

Vergeigt
Bataplan ☼ E 4
Ein junger, muskulöser Mann streicht zu
modernen Beats von Avici & Co. leidenschaftlich über seine lilafarbene E-Violine.
Die Menge tobt und tanzt bis zum
Morgengrauen. Nach einer langen Nacht
im Club nimmt man eine Verschnauf-
pause auf der großzügigen Veranda, die
direkt am La-Concha-Strand liegt, und
genießt den Sonnenaufgang – die beste
Gelegenheit für einen Schwatz mit Einheimischen und anderen Urlaubern. Für jede
Altersgruppe geeignet, lockere Türpolitik,
tolle Stimmung und exzellente Lage.
Paseo de la Concha, 12, T 943 47 36 01, bata
plandisco.com, Di 1–7, Do–Sa 1–7 Uhr, Eintritt
15 € mit Freigetränk

Baby, lass uns Salsa tanzen!
The Caledonian ☼ Karte 2, D 1
Für Salsa, Bachata und Merengue
sind Sie im Caledonian im Viertel
Gros genau richtig. Am späten Abend
füllt sich das Lokal mit Liebhabern
der lateinamerikanischen Musik. Der
Tanzraum ist geräumig und hervorra-
gend klimatisiert. Selten verirrt sich
ein Tourist in den ›Latinoschuppen‹.
Die Gäste bewegen sich um die 30
und aufwärts und wissen, wie man die
Hüften schwingt.
Paseo de Colón, 27, T 619 80 07 98, Mo
22–24, Di–Do 22–4, Fr 22–6, Sa 23.30–6,
So 0–4.30 Uhr, Eintritt kostenlos

Unterirdisch
Club Café Victoria Eugenia
☼ Karte 2, B 2
Im Club neben dem Luxushotel María
Cristina am Urumea-Fluss laufen
aktuelle spanische und internationale

Am Abend verwandeln sich die Treppenstufen der Basílica Santa María zu einer fröhlichen Partymeile.

Hits. Das Publikum ist gemischt, im Vergleich zu anderen Clubs zieht es vor allem reifere Gäste an. Die Party findet im Untergeschoss statt, im oberen Bereich befinden sich die Bar und die Terrasse, um Luft zu schnappen und sich mit seinen Tanzpartnern in Ruhe zu unterhalten. Lockere Stimmung beim Einlass wie auch auf der Tanzfläche.

Calle República Argentina, T 943 42 03 44, Di–Do 9.30–22.30, Fr, Sa 9–6.30, So 9.30–23 Uhr, Eintritt vor 1 Uhr und freitags frei, danach 15 €

Schiff oder Disco?
GU ⚙ Karte 2, A 3

Das GU erinnert an ein Schiff, ein weißes Traumschiff, das sich niemals vom Fleck rührt. Am Wochenende kann es sich vor Touristen kaum retten, die bis früh zum Morgen zu Reaggeton und spanischen Hits abtanzen. Die Aussicht aus dem verglasten ›Frachter‹ auf die La-Concha-Bucht ist einzigartig, hat aber auch ihren Preis. Sandalen sind nicht erlaubt, eine anständige Garderobe wird von den Gästen ebenso erwartet wie 15 € für den Eintritt. Der untere Teil des ›weißen Riesen‹ ist geschmackvoll im nautischen Stil eingerichtet und beherbergt ein Restaurant für einen privaten Club.

Parque Alderdi-Eder, 1, T 843 98 07 75, gusanebastian.com/en/night-club, Di, Mi 17–3, Do 17–5, Fr, Sa 17–6, So 17–3 Uhr, 15 € mit Freigetränk

Bilbao

Die Sache mit dem Beautytrick

Bilbao ist wie eine Dame mittleren Alters nach dem Besuch bei einem plastischen Chirurgen. Ihre Einwohner, die Bilbaí-nos, betonen es immer wieder: Bilbao sei ja nicht hässlich, aber … Man könnte es vielleicht anders formulieren. Bilbao hat ein Schönheitsgeheimnis: aufregend bleiben!

Bilbao 🗺 Karte 5

Die alte Industrie- und Hafenstadt am Ufer des Nervión durchlief in den letzten zwei Jahrzehnten eine Verwandlung, die ihresgleichen sucht. Wie viele andere Städte auch fiel Bilbao im Zuge der europaweiten Stahl- und Kohlekrise in den 1980er-Jahren in eine tiefe Sinnkrise. Das »Duisburg Spaniens« oder auch »El Botxo«, das Loch, wie die Hauptstadt der Provinz Biskaya wenig ansprechend auch genannt wurde, war grau, dreckig, laut und nun auch noch arm. Doch dann holten die Stadtväter Frank O. Gehry – dessen spektakuläres Guggenheim-Museum einen nie gekannten Run auf die Stadt auslöste – und noch viele Architekten mehr. Eine Rechnung, die aufging. Inzwischen auch jenseits des Guggenheim!

Eine Stadt erfindet sich neu

Man päppelte den Kern der ehemaligen Industriestadt auf – ein bekannter Architekt folgte auf den nächsten –, eröffnete

Staunen in der Altstadt von Bilbao vor dem Mural »El Fin Justificado« des Künstlers Aryz. Nicht jeder Nachbar war von dem Gemälde angetan.

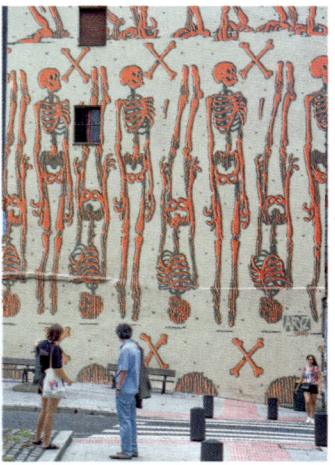

attraktive Geschäfte und Kaufhäuser wie das El Corte Inglés, schöne Theater und Parks, schicke Restaurants und natürlich als Hauptattraktion: das Guggenheim Museum. Dazu zieht Bilbao regelmäßig wichtige kulturelle Events an Land. Im Juni 2018 fanden hier etwa die »Awards of the world's 50 best restaurants« statt, von denen allein vier zwischen Bilbao und San Sebastián liegen.

Zwischen damals und heute

Ein Besuch der Stadt lohnt sich! Viele Gäste reisen ja ohnehin über Bilbao an (▶ S. 110). Planen Sie mindestens einen ganzen Tag ein, um die pulsierende Stadt kennenzulernen. Die Museen, die Neustadt mit ihren prunkvollen Bauten, aber auch die hübsche, noch recht ursprüngliche Altstadt sowie die schön aufgepeppte, belebte Uferpromenade sollten in Ihrem Terminkalender nicht fehlen.

···

WAS TUN IN BILBAO?

···

Ein Stück altes Spanien

Calle Txakur und Calle Jardines führen uns durchs **Casco Viejo** (🗺 Karte 5, G 5), die verwinkelte Altstadt Bilbaos. Ab ca. 20 Uhr schlägt die geschäftige Nachmittagsstimmung in den schmalen Gassen in heitere Feierabendlaune um. Die vielen kleinen Bars und Restaurants werden zusehends voller. Bestellen Sie sich einen Pintxo und gehen Sie mit den Bilbaínos auf Tuchfühlung. Im Lokal **Berton** (▶ S. 108) hilft man Ihnen auch gern mit ein paar baskischen Floskeln auf die Sprünge. Laufen Sie weiter, vorbei an der monumentalen neoklassizistischen **Plaza Berria** (auch Plaza Nueva), ins Herz der kleinen Altstadt, zur **Catedral de Santiago** (Plaza Santiago, 1, T 944 153 627). Die gotische Kathedrale ist das älteste Gotteshaus Bilbaos und Ende des 14. Jh. zu Ehren des hl. Jakob erbaut. Hier trifft man immer wieder auf Jakobspilger – zu erkennen an der Muschel am Rucksack. Biegen Sie nun in die Calle Belosticalle ab, die zur **Kirche San Antón** (🗺 Karte 5, G 6) und zum Markt führt.

Markttreiben seit 1929

Für den **Mercado de la Ribera** (Karte 5, G 6) stehen sogar die Bilbaínos früh auf. Leidenschaftlich gestikuliert der Obsthändler, zeigt auf seine Kiwis und *higos*, Feigen, die hier besonders groß und lecker sind. Am Stand gegenüber hat sich gerade jemand eine große Menge Fischfilet zum kleinen Preis ›geangelt‹. Es ist viel los in den alten, riesigen Art-déco-Markthallen am Rand der Altstadt, direkt am Fluss, neben der San-Antón-Kirche und der gleichnamigen Brücke. Sogar ins »Guinness Buch der Rekorde« hat der Markt es geschafft: Mit einer Größe von 10 000 m² hat man die größte gedeckte Markthalle Europas vor sich. Ebbt das Geschehen in den Markthallen gegen Nachmittag etwas ab, so geht es nebenan in der Pintxo-Abteilung jetzt erst richtig los. Bis zum späten Abend kann man hier unter gefühlt 1000 Pintxos wählen und diese gleich vor Ort verputzen. Für Schleckermäuler gibt es einen Stand mit bunten Macarons und Kuchen.

Calle de la Ribera, s/n, T 944 79 06 95, www.mercadodelaribera.net, Mo 8–14.30, Di–Fr 8–14.30, 17–20, Sa 8–15 Uhr

Das Bakenland – gestern und heute

Verlassen Sie den Mercado und biegen Sie in die Calle Erronda ab. An der Plaza Miguel de Unamuno stoßen Sie auf das **Euskal Museoa** (Museo Vasco, Karte 5, G 5) aus dem Jahr 1921. In dem schönen Museum lernen Sie wichtige Aspekte der baskischen Kultur wie Sprache, Hirtenwesen, Fischfang, Feste etc. kennen. Den Museumshof ›bewohnen‹ sog. *gigantes*, 4 m große Figuren, die in der spanischen Volkstradition sehr populär sind (Plaza Miguel de Unamuno, 4, T 944 15 54 23, www.euskal-museoa.eus, Mi–Mo 10–19, Sa 10–13.30, 16–19, So 10–14 Uhr, 3 €/1,50 €, Do Eintritt frei). Gegenüber liegt das **Arkeologi Museoa**. Das kleine, aber feine archäologische Museum nimmt Sie mit auf eine Reise bis in die Vorgeschichte (Calzadas de Mallona, 2, T 944 04 09 90, Di–Sa 10–14, 16–19.30, So 10.30–14 Uhr, 1,75 €/3,50 €).

ÜBRIGENS

Dem durchschlagenden Erfolg des Guggenheim-Museums verdankt sich der Begriff ›Bilbao-Effekt‹. Eine eher unspektakuläre Stadt wird mit einem besonders aufregenden Gebäude aufgewertet – was zum Ziel hat, die Aufmerksamkeit über den ›Umweg‹ auf den gesamten Ort zu lenken und ihn für Touristen attraktiver zu machen.

Schon schick …

Nun verlassen Sie die Altstadt und folgen der Calle Navarra in die auf der anderen Seite des Nervión gelegene schicke Neustadt Ensanche. Die breite Allee **Don Diego López,** auf der Sie nun landen, ist ein wahres Shoppingparadies. Folgen Sie aber lieber der kleinen Parallelstraße **Ledesma** (Karte 5, F 4), dort ist es ruhiger und abwechslungsreicher und die Bilbaínos essen hier gerne zu Mittag. Unweit dieser Gasse liegen der kleine friedliche Park **Jardines de Albia** und das älteste Café der Stadt, das **Iruña** gegenüber vom Park. Im authentischen Café aus dem Jahr 1903 herrscht stets geschäftiges Treiben, traditionelle Speisen und Getränke werden im angrenzenden Restaurant serviert. Schöne Mosaike verzieren die Wände, Einheimische lehnen an der großen ovalen Theke, trinken einen *cafe solo* oder einen *carajillo* (Espresso mit Brandy) und greifen zu den Pintxos (Colón de Larreategui, 13, T 944 23 70 21, www.cafeirunabilbao.net, Mo–Do 7–1, Fr 7–2, Sa 10–2, So 10–1 Uhr, Frühstück ab 2,80 €, *menú del día* 14,50 €, Pintxos ab 2,50 €).

Wirtschaftsaufschwung dank Kunst?

Das **Museo Guggenheim** (Karte 5, E 3) mit Hauptsitz in New York ist seit 1997 auch in Bilbao vertreten – und aus dem Stadtbild nicht mehr wegzudenken. Es lockt jedes Jahr unzählige Besucher aus aller Welt nach Bilbao, mehr als

22 Mio. waren es in bislang gut zwei Jahrzehnten. Die Strategie der Stadtväter ging auf, Bilbao erlebte seit der Eröffnung des Guggenheim einen enormen wirtschaftlichen Aufschwung. Rund 550 Mio. Euro spült das Museum pro Jahr in die Kassen der Stadt, knapp 10 000 Arbeitsplätze hängen am Guggenheim. Und die Besucherschlange vor dem Museum ist nach wie vor gefühlt kilometerlang.

Windschiefe Blechbüchse oder geniales Meisterwerk?

Die asymmetrische Titanfassade des Museums, die der kalifornische Architekt Frank O. Gehry entworfen hat, ist so beeindruckend wie ungewöhnlich, sein Inneres Geschmackssache. Das Guggenheim birgt eine permanente Kollektion moderner Kunst mit Schwerpunkt auf Spanien und veranstaltet wechselnde, meist sehr populäre Sonderausstellungen. Wie das Museum selbst entstanden ist, die Baugeschichte, wird leider nicht erläutert. Dafür werden Filme von Menschen gezeigt, die sich an Hals und Fuß kratzen, Schrott, der von der Decke hängt, und Buddha mittendrin. Hier und da würde man sich fürs Verständnis Erklärungen wünschen. Von außen betrachtet ist das Guggenheim ein monumentaler, schillernder Koloss. Vor dem Haupteingang sitzt ein aus Blumen gefertigter meterhoher Wachhund namens »Puppy«. Der von Jeff Koons 1992 geschaffene West Highland Terrier bewacht seit der Eröffnung symbolisch das Museum. Der Farbtupfer aus 17 000 Blumen steht für Vertrauen und Sicherheit. Auf der Flussseite des Museums hockt eine übergroße Spinne, »Maman« von Louise Bourgeois. Sie und »Puppy« können sich wohl nicht leiden …

Avenida Abandoibarra, 2, T 944 35 90 23, www.guggenheim-bilbao.eus, Di–So 10–20 Uhr, ab 13 € inkl. Audioguide – Achtung: Preise variieren je nach Ausstellung

Die Konkurrenz schläft nicht …

Es steht im Schatten seines großen Bruders Guggenheim: das **Museo de Bellas Artes** (Karte 5, E 4) im Stadtpark von Bilbao. Zu Unrecht, denn bei den Einheimischen ist das Kunstmuseum im Grünen sogar beliebter als der metallische Riese am Flussufer. Warum die Basken das Museum der schönen Künste lieber haben? Vielleicht, weil es Bescheidenheit verkörpert, ein Ideal, das den Nordspaniern wichtig ist. Und im Museo de Bellas Artes gibt es keine langen Wartezeiten. Das Museum, das 2018 110-jähriges Bestehen feierte, besitzt die bedeutendste Sammlung baskischer Künstler und zeigt u. a. Skulpturen von Eduardo Chillida und Jorge Oteiza, deren Werke sich auch in San Sebastián finden. Der großzügige, puristische Ausstellungsraum mit den klassischen Gemälden scheint seine Besucher zu verschlingen. Hier wird mit Ton, Licht und Schatten, Reflexionen und Verzerrungen gespielt. Wenn Sie sich sattgesehen haben, dann machen Sie doch einen Schlenker in den Museumsshop und die Cafetería mit Blick auf den Stadtpark **Parque de Doña Casilda de Iturrizar.** Ein Zückerchen am Rande: Zwischen 18 und 20 Uhr ist die Besichtigung des Museums kostenfrei.

Plaza del Museo, 2, www.museobilbao.com, Mi–Mo 10–20 Uhr, 16 €, unter 25 Jahren 9 €, Mi–Mo 18–20 Uhr Eintritt frei

Bester Blick auf Bilbao

Eine zweite Parkanlage erreichen Sie auf ungewöhnlichere Art und Weise: mit dem **Funicular de Archanda** (Karte 5, G 3). Seit 1915 pendelt das rote Standseilbähnchen fleißig auf und ab und bringt Bilbaos Besucher in nur 3 Min. vom städtischen Getümmel hoch hinauf in eine großzügige Parkanlage auf den Archanda-Hügel. Von dort oben überblicken Sie ganz Bilbao, ein Wahnsinnspanorama, und können im Schatten der Bäume die Kühle genießen. Am besten bringen Sie ein Picknick mit und bleiben etwas länger.

Plaza del Funicular, Mo–Sa 7.15–22, So 8.15–22 Uhr, alle 15. Min., 3,25 € (hin und zurück)

SCHLAFEN & SCHLEMMEN

In fremden Betten

Super Sicht

Gran Hotel Domine ⌂ Karte 5, E 3
Bevor man sich ins Stadtgeschehen stürzt, ist es gut, den Überblick zu bewahren. Außerdem sollte man niemals mit leerem Magen starten. Auf der Hotelterrasse schweift der Blick über das Guggenheim, den Fluss und die Berglandschaft. Traumhaft ist nicht nur die Aussicht, auch das Fünf-Sterne-Buffet mit frisch gepressten Säften und anderen Köstlichkeiten sollten Sie sich keinesfalls entgehen lassen.

Calle Alameda Mazarredo, 61, T 944 25 33 00, www.hoteldominebilbao.com, DZ ab 190 €, Frühstück 26 €

(Nicht nur) für Paare

Hotel Miró ⌂ Karte 5, E 3
Das Hotel für den kleinen Luxus mit viel Liebe zum Detail. Vom himmlisch weichen Bett aus sieht man ins Grüne, auf das Guggenheim und den Fluss. Besonderes Plus: Das Hotel verleiht an seine Gäste Fahrräder, mit denen sich die Stadt noch einfacher erkunden lässt. In der gemütlichen Bar kann man sich an den kostenlosen Getränken und Süßigkeiten einfach selbst bedienen. Sehr sympathisches Haus und angesichts des intimen Spa-Bereichs und der Playbox (Bettspielzeug) in der Minibar perfekt für Pärchen geeignet.

Calle Alameda Mazarredo, 77, T 946 61 18 80, www.mirohotelbilbao.com, DZ ab 85 €, Frühstück 18 €

Perfekt für den Altstadtbummel

Le Petit Palace Arana Bilbao ⌂ G 5
Von außen ein Stadtpalast, der innen moderne, ruhige und saubere Zimmer

Ist das Kunst oder kann das weg? Jeff Koons' Werke machen Kitsch zur Kunstform. Seine »Tulips« vor dem Guggenheim-Museum sind die größten und teuersten Tulpen der Welt.

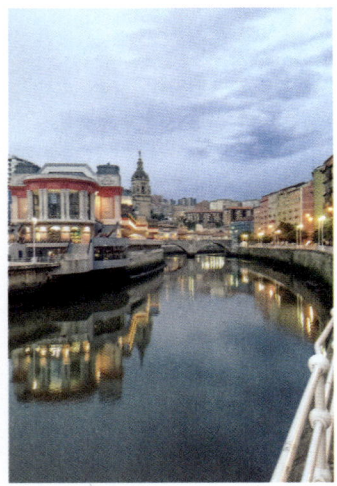

Der Nervión erstrahlt heute wieder im schönsten Licht, nachdem Stadt und Flussufer ordentlich aufpoliert wurden.

anbietet. Und das in bester Lage am Rand der Altstadt und mit Blick auf den Fluss. Fahrräder gibt es gratis und für das Haustier zahlt man auch nichts. Angenehme Adresse, freundliches Personal.
Calle Bidebarrieta, 2, T 944 15 64 11, www. petitpalacearanabilbao.com, DZ/F ab 75 €

 Satt & glücklich

Willkommen im Wohnzimmer
Bilbao Berria Karte 5, F 4
Die stilvolle schmale Pintxo-Bar öffnet sich an ihrem Ende zu einem sehr gemütlichen, schicken Raum in dunklen Farben. Die Tische sind geschmackvoll arrangiert und schön eingedeckt, die Couchen zum Wohlfühlen. Während man seinen à point gebratenen Thunfisch oder das Maracuja-mousse mit Baileys-Eis genießt, erkundigt sich Restaurantchef José Antonio regelmäßig herzlich nach dem Wohlergehen seiner Gäste, und auch der Service ist sehr aufmerksam. Im Hintergrund läuft angenehme Musik, die Speisen sind lecker und preiswert und das Personal ist zuvorkommend. Ein kulinarisches Muss bei einem Besuch in Bilbao.

Calle Ledesma, 26, T 944 24 92 73, www. grupobilbaoberria.com, Di–So 11–24 Uhr, Hauptgerichte 13–46 €

Im Sternenhimmel …
Restaurant Mina Karte 5, G 6
Einen besonderen Ausblick hat man im Restaurant Mina: Vom Tellerrand schaut man nämlich (fast) direkt in die Kochtöpfe des Sternerestaurants. Denn wenn Sie mögen, nehmen Sie doch am Küchentresen gegenüber der offenen Küche Platz und schauen den Köchen von dort aus bei der Arbeit zu. Falls Sie einen der sechs hübsch eingedeckten Tische bevorzugen, ist das aber auch kein Problem. Dann können Sie die gemütliche Landhausatmosphäre mit offenem Mauerwerk und Holzbalken genießen. Und natürlich die ausgezeichneten Gerichte. Das Mina bietet eine abwechslungsreiche regionale Küche auf hohem Niveau, die kulinarische Erlebnisse verspricht.

Muelle Marzana, s/n, T 944 79 59 38, www.res taurantemina.com, Mi–Sa 14–15.30, 21–22.30, Di, So 14–15.30 Uhr, 10-Gänge-Menü 85 €, 14-Gänge-Menü 115 €, unbedingt reservieren!

Hat was von Lieblingsbar …
Baster Karte 5, G 5
Das Baster ist ein cooler Treffpunkt in der Altstadt und stets gut gefüllt. Der erschöpfte Tourist, der hippe Baske, Freunde, die sich nach der Arbeit auf ein Glas treffen, das Pärchen beim ersten Date – Baster ist die richtige Wahl für jeden Anlass. Und die Pintxos sind super!

Calle Correo, 22, T 944 07 12 28, https://bas terbilbao.wordpress.com, Di–Do 9.30–22, Fr, Sa 9.30–23, So 9.30–16 Uhr, Pintxo ab 2,50 €

Baskisch für Anfänger
Berton Karte 5, G 5
Dem sympathischen Barbesitzer und seiner Frau ist sehr daran gelegen, dass ihre Gäste so viel wie möglich von der baskischen Kultur mitnehmen. Dazu gehört neben dem Essen auch die Sprache. Wer kein Baskisch spricht, dem hilft der Wirt gerne und bringt ihm oder ihr ein paar einfache und hilfreiche Alltagsfloskeln der recht komplexen Sprache bei. Also: Pause einlegen, Pintxos naschen oder den

herrlichen Schinken probieren und ganz
nebenbei Baskisch lernen …
Calle Jardines, 11, T 944 16 70 35, www.
berton.eus/berton, Pintxo ab 2,50 €

Mit Liebe gekocht
Casa Rufo 🖐 Karte 5, F 5
Das traditionelle Delikatessengeschäft
gibt es bereits seit 1995. Das Besondere
daran ist, dass man hier auch dinieren
kann. Der Blick ins Schaufenster verwirrt:
Man sieht ein Lebensmittelgeschäft mit
einem einzigen Esstisch in der Raummitte.
Es gibt aber noch weitere Sitzmöglichkeiten im Restaurant. Exklusiv und familiär
mit lokalen Produkten. Traditionelle baskische Küche trifft auf reiche Weinauswahl
in intimer Atmosphäre.
Calle Hurtado de Amézaga, 5, T 944 43 21 72,
www.casarufo.com, Mo–Sa 13.30–16, 20.30–23,
So 13.30–16 Uhr, Tagesangebote, Menü 45–55 €

Für eine Überraschung gut!
Basuki 🖐 Karte 5, F 4
Für ein einmaliges Geschmackserlebnis
besuchen Sie das Restaurant Basuki
im Herzen Bilbaos, auch wenn Sie nur
einen Tag in der Stadt sind. Die Zutaten
aus unterschiedlichen Küchen werden
außergewöhnlich kombiniert, die Speisen
wunderschön arrangiert. Auf das Gericht
abgestimmte Cocktails begleiten das
Essen, eine Komposition aus warmen,
kalten, süßen und bitteren Schokoladen
zum Dessert schmilzt herrlich auf der
Zunge. Es gibt u. a. fünf Plätze am Tresen,
wo man den Köchen bei der Arbeit
zuschauen kann.
Calle Juan de Ajuriaguerra, 14, T 944 71 77 43,
www.basukirestaurante.com, Hauptgerichte
14–38 €, Nachspeisen 7 €

INFOS & TERMINE

Oficina de Turismo de Bilbao:
▶ S. 110
Aeropuerto de Bilbao: ▶ S. 110
Bus nach San Sebastián: ▶ S. 110
Karneval: Auch in Bilbao wird ausgiebig
Karneval (bask. Ihauteriak) gefeiert.
Ostern: Prozessionen ziehen durch die
Altstadt von Bilbao.
Sommersonnenwende: Am 23. Juni
entzündet man große Holzfeuer. Später
über die herabgebrannten Holzstöße zu
springen, beweist viel Mut.
El Carmen: Am 16. Juli findet eine
beeindruckende Meeresprozession statt.
Semana Grande: Anfang Aug. beginnen
die einwöchigen Feierlichkeiten zu Ehren
der Stadtheiligen.

*Ein Blick ins Innere des Museo Guggenheim: Alles wirkt bei Frank O. Gehrys Bau ein
bisschen chaotisch, ein bisschen verschachtelt. Nicht jeder fühlt sich hier wohl.*

Hin & weg

San Sebastián hat einen eigenen Flughafen, **Aeropuerto de San Sebastián (EAS,** ⬚ Karte 4, C 1, Calle Gabarrari, 5, 20280 Hondarribia, www.aena.es/es/aeropuerto-san-sebastian/destinos-aeropuerto.html). Er liegt direkt an der Grenze zu Frankreich, 20 km vor der Stadt, und wird nur von kleinen Maschinen angeflogen. Er lohnt sich, falls Sie einen Zwischenstopp in Madrid oder Barcelona einlegen (Airline Iberia). Direktflüge aus Deutschland, Österreich und der Schweiz mit Lufthansa oder Swiss Air sind eher eine Seltenheit und ziemlich teuer. Eine zeitsparende und oft günstigere Möglichkeit, um nach San Sebastián zu gelangen, ist ein Flug nach Bilbao. **Aeropuerto de Bilbao (BIO,** ⬚ Karte 4, A 1, 48180 Loiu, www.aena.es/es/aeropuerto-bilbao/index.html).

Mit dem Bus in die Stadt
Landen Sie in Bilbao und verlassen das Gate, sehen Sie direkt den Flughafentransfer (PESA), der vor der Wartehalle steht, mit der Aufschrift ›Donostia – San Sebastián‹. Er bringt Sie für 17 € bequem in 75 Min. zu Ihrem Urlaubsort (verkehrt im 30-Min.-Takt). Kommen Sie am Flughafen von San Sebastián an, so kostet Sie die Busfahrt mit der Linie E21 nur 2,55 € und Sie erreichen das Stadtzentrum in knapp 30 Min.

Mit dem Taxi in die Stadt
Ein Taxi ab dem Flughafen San Sebastián ins Zentrum kostet etwa 30 €. Ab dem Flughafen Bilbao kann die Taxifahrt leicht so teuer werden, wie der Flug nach Spanien selbst, denn er liegt rund 100 km von San Sebastián entfernt und die Taxipreise entsprechen in etwa denen in Deutschland. Da kann man schon mal mit 150 € rechnen.

San Sebastián Turismo
Bd. Alameda, 8 (⬚ Karte 2, B 2), T 943 48 11 66, Mo–Sa 9–19, So 10–14 Uhr

Oficina de Turismo de Bilbao
Plaza de Biribila, 1 (⬚ Karte 5, G 5), T 944 79 57 60, Mo–So 9–20 Uhr

www.sansebastianturismo.com/en: Die offizielle Website für Touristen in San Sebastián informiert Sie ausführlich u. a. über aktuelle Events, Feiertage und geführte Stadttouren, aber auch über die einzelnen Viertel (Stichwort »From Neighbourhood to Neighbourhood«). Außerdem finden Sie viele praktische

---

GÜNSTIG UNTERWEGS IN SAN SEBASTIÁN UND BILBAO

San Sebastián Card
Die San Sebastián Card ist zehn Tage lang gültig und erlaubt die unlimitierte Nutzung der Nahverkehrsmittel an sechs der zehn Tage. Außerdem bekommen Sie in vielen Restaurants und Geschäften einen Rabatt. Die Karte kostet 9 € und ist im Tourismusbüro oder online zu erwerben. Mehr Infos dazu: www.sansebastianturismo.com/en/offers/san-sebastian-card.

Bilbao Bizkaia Card
Sie kann sich mitunter lohnen, die Bilbao Bizkaia Card für 14, 48 oder 72 Std. zum Preis von 10, 15 oder 20 €. Der ÖPNV (inkl. Funicular) ist frei und am Wochenende gibt es diverse geführte Gratis-Touren. Ach ja, Anstehen beim Museo Guggenheim oder beim Museo de Bellas Artes gehört mit der Karte der Vergangenheit an – Sie haben Vorrang. Infos: www.bilbaobizkaiacard.com/en.

San Sebastián aus der Vogelperspektive – ein ungewöhnlicher Blick!

Hinweise, Übernachtungs- und Restauranttipps auf der Seite. Und Wissenswertes zu Architektur, Kunst und Kultur sowie zu sportlichen Aktivitäten.

www.bilbaoturismo.net/BilbaoTurismo/en/tourists: Die offizielle Website für Touristen in Bilbao gibt neben reisepraktischen Hinweisen ausführliche Tipps u. a. zu aktuellen Veranstaltungen, zu Sehenswürdigkeiten und Museen sowie zu geführten Stadttouren. Eine sehr hübsch gemachte Unterseite ist Kindern in der Stadt gewidmet (»Bilbao for children«).

www.toursbylocals.com: Auf dieser Website haben Sie eine reiche Auswahl an Touren durch San Sebastián und Bilbao. Sei es mit dem Fahrrad, zu Fuß, im Bus oder auf dem Wasser: Ihren professionellen Stadtführer, den Sie auf der Internetseite selbst auswählen können, haben Sie immer an Ihrer Seite.

REISEN MIT HANDICAP

Unter dem nachfolgenden Link finden sich Infos zur Barrierefreiheit in der Stadt und weiterführende Links: www.barrera-cero.com/guias-turismo-accesible/espana/norte/pais-vasco/guipuzkoa-san-sebastian-accesible.

SICHERHEIT UND NOTFÄLLE

San Sebastián ist eine verhältnismäßig sichere und ruhige Stadt, was Kriminalität angeht. Auch wenn man nachts alleine unterwegs ist, gibt es keinen Grund zur Beunruhigung. Am Strand sollten Sie aber besser gut aufpassen, denn im Sommer sind die Strände sehr gut besucht und Diebe haben hier leichtes Spiel. An der Playa de la Zurriola sowie an der Playa de la Concha haben Sie die Möglichkeit, Ihr Hab und Gut für 1,50 € und ein Pfand in Höhe von 6,50 € wegzuschließen. Sofern Sie sich vor Ort ein Fahrrad leihen möchten, schließen Sie dieses lieber mit zwei Schlössern an. Für Urlauber aus der EU bietet Spanien übrigens eine kostenlose Notfallversorgung an, dennoch sollten Sie immer Ihre Krankenversicherungskarte und Ihren Personalausweis mit sich führen.

Nicht nur das Guggenheim-Museum, auch die schöne Altstadt von Bilbao (Casco Viejo) ist einen Besuch wert.

Allgemeine Notrufnummer: 112
Polizei vor Ort: Policía local de San Sebastián, Paseo de Morlans, 1, T 943 48 13 00
Notfallapotheken: Auch am Sonntag und an Feiertagen gibt es Apotheken, die für Sie geöffnet haben. Erste Anlaufstelle ist das medizinische Versorgungszentrum an der Plaza Gipuzkoa:
Casa Socorro, Calle de Bengoetxea, 4, T 943 44 06 33, rund um die Uhr geöffnet.
Sperrung von Bankkarten:
T +49 116 116
Diplomatische Vertretungen
Deutschland – T 943 33 55 08, www.spanien.diplo.de/es-de
Österreich – T 94-46 40 763, www.bmeia.gv.at
Schweiz – T 93 409 06 50, www.eda.admin.ch/spanien

UMWELTFREUNDLICH UNTERWEGS

Metro und Bahn

Noch gibt es keine Metro in San Sebastián und die Einwohner sträuben sich mit Händen und Füßen dagegen. Vermutlich ohne Erfolg, denn die Stadtverwaltung plant schon längst den Bau eines Schienennetzes bis an den La-Concha-Strand.

Die **Haupthaltestelle der lokalen Busse** befindet sich am Boulevard im Zentrum der Stadt. Die Busfirma heißt **d-bus** (www.dbus.eus) und bringt Sie im Stadtgebiet überall hin. Eine einfache Fahrt kostet 1,70 € bzw. 2,10 € für den Nachtbus. Das Ticket kann direkt im Bus gelöst werden. In diversen Tabakläden und am Bahnhof Amara, der sich an der Plaza de Easo befindet, können Sie für eine einmalige Gebühr von 5 € eine **Mugi-Card** (www.mugi.eus) kaufen, die Sie immer wieder aufladen können. Mit der Karte sparen Sie pro Fahrt 55 Cent.

Taxi

Taxifahren ist in San Sebastián durchaus praktisch, obwohl man fast überall zu Fuß hinlaufen kann. Der Grundbetrag für eine Taxifahrt liegt bei 3,50 €. Zum Vergleich: Vom Mercure Hotel auf dem Monte Igueldo bis hinunter ins Stadtzentrum (3–4 km) zahlen Sie ca. 8–10 €. Der **Taxistand** befindet sich wie auch die Busstation am Boulevard. Sie können jederzeit ein Taxi von der Hotelrezeption aus rufen lassen oder rufen selbst unter folgender Nummer an: **Taxi Donosti,** T 943 46 46 46.

Fahrrad

San Sebastián eignet sich hervorragend fürs Radfahren. Nur im Winter sollten Sie vielleicht auf Bus und Taxi umsteigen, da es sehr häufig nass, kalt und stürmisch wird. Fast überall in der Stadt gibt es breite Fahrradwege. Vom westlichen bis zum östlichen Ende erstreckt sich ein wunderschöner Radweg, der direkt an der Strandpromenade entlangführt.

E-Bikes

Seit 2013 gibt es die praktischen Elektrobikes an 16 verschiedenen Stationen, die sich über die gesamte Stadt verteilen. Die umweltfreundliche Alternative wird von Kurzurlaubern gern beansprucht. 125 Fahrräder stellt San Sebastián seinen

Besuchern zur Verfügung, die man sich zwischen 6.30 Uhr und Mitternacht ausleihen kann. Je nach Abo (Tag/Monat/Jahr) kostet das elektronische Leihfahrrad im Schnitt 1 € pro Stunde, fünf Tage gibt es schon ab 20 €. Für die genaue Tarifangabe lohnt sich ein Blick auf die Website: www.Dbizi.com.

Fahrradverleih

Im Zentrum sowie im Viertel Gros gibt es einige Geschäfte, die in den Sommermonaten Fahrräder stunden- bzw. tageweise vermieten. Sie können, je nach Modell, mit einer Leihgebühr von 15–20 €/Tag rechnen, z. B. bei La Bicicleta, Calle Reyes Católicos, 14, T 639 26 79 48, bei Bici rent, Avenida de Zurríola, 22, T 943 27 11 73, oder bei Sanse bikes, Boulevard Alameda, 25, T 943 04 52 29. Bei Basque epic bike können Sie zu den Fahrrädern auch Fahrradtouren buchen: www.basqueepic.com.

Motorroller

Der Scooter bzw. das Mofa ist das beliebteste Fortbewegungsmittel der Donostiarra. Kaum verwunderlich, laden doch die vielen schmalen Sträßchen und die warme Meeresbrise zu einer Spritztour ein. Doch Vorsicht: Im Herbst und Winter stürmt es manchmal so heftig, dass Sie ggf. Ihr Zweirad in einer ungewohnten Position wiederfinden – Kratzer inklusive. Einen sehr guten Service bietet Edu Jorde (www.rental-motodonostia.com). Er liefert Ihnen den Roller direkt zum Hotel und holt ihn dort auch wieder ab. 24 Stunden kosten ca. 60 €, 48 Stunden etwa 90 €.

STADTRUNDFAHRTEN

Tours by Locals: ▶ S. 111

Hop-on Hop-off

Die Stadtrundfahrt im knallroten Cabrio-Bus dauert insgesamt eine Stunde und macht an diversen Sehenswürdigkeiten, u. a. dem Theater Victoria Eugenia, dem Museo San Telmo und der Kathedrale Buen Pastor Halt, wo Sie zu- und aussteigen können. Das Ticket ist den ganzen Tag über gültig und kostet 12 € bzw. für Kinder zwischen fünf und zwölf Jahren 6 €, Kinder bis vier Jahre sind gratis unterwegs. Die Tour wird in acht verschiedenen Sprachen angeboten, u. a. auf Deutsch (Juli, Sept. 11–19, Aug. 10.30–20, April–Juni, Okt. 11–18, Nov.–Feb. 11–16 Uhr).

Mit der **San Sebastián Card** (▶ S. 38) erhalten Sie 20 % Rabatt auf den regulären Fahrpreis. Das Ticket können Sie entweder online, im Tourismusbüro am Boulevard oder an der Kreuzung Calle de la Reina Regente und Paseo de Salamanca lösen (www.sansebastianturismo.com/en/offers/other/city-tours/1126-tourist-bus-panoramic-route).

IN SEE STECHEN

Ändern Sie den Blickwinkel und betrachten Sie die Stadt vom Wasser aus. Am Hafen können Sie die Tickets für eine kurze **Bootstour** direkt an einem Schalter erwerben.

Catamarán

Zwischen 12 und 19 Uhr legt einmal stündlich ein Boot ab, das gemütlich durch die La-Concha-Bucht schippert, vorbei an der Skulptur »Peine del Viento«, der Insel Santa Clara, dem Monte Urgull und der Playa de la Zurriola. Erwachsene zahlen 11 €, Kinder zwischen drei und zehn Jahren nur 6 € (Infos: www.ciudadsansebastian.com/en/boat-trip).

Motoras de la Isla Santa Clara

Zwischen Anfang Juni und Ende September kann man zur Insel Santa Clara übersetzen (um 12, 13, 14, 15.30, 16.30, 17.30, 18.30, 19.30 Uhr, 4 € Hin- und Rückfahrt, 6 € für die Rundfahrt durch die La-Concha-Bucht, Kinder unter vier Jahren kostenlos, Infos: www.motorasdelaisla.com, T 943 00 04 50).

O-Ton Baskisch

Topa!

Prost!

Zirimiri

Nieselregen
Was wäre Bilbao ohne seinen Zirimiri?

ON EGIN!

Guten Appetit!

Eskerrik asko

Danke!

Zer berri?

Was gibt's Neues?

Agur

MAITE ZAITUT

Tschüss!
Das ›u‹ von ›agur‹ wird beim Sprechen gaaaaanz lang gezogen.

Ich liebe dich
›Maite‹ findet nicht nur als Frauenname Verwendung.

Dantza egitea gogoko al duzu?

Möchtest du tanzen?

Sagardotegi

Apfelweinhaus
Sidra wird auf ganz besondere Art eingeschenkt.

Ongi etorri

Willkommen!

Calimotxo

Mix aus Rotwein und Coca Cola

Register

Register

Das Klima im Blick

Reisen bereichert und verbindet Menschen und Kulturen. Wer
reist, erzeugt auch CO_2. Der Flugverkehr trägt mit bis zu 10 % zur
globalen Erwärmung bei. Wer das Klima schützen will, sollte sich –
wenn möglich – für eine schonendere Reiseform entscheiden oder
die Projekte von atmosfair unterstützen. Flugpassagiere spenden
einen kilometerabhängigen Beitrag für die von ihnen verursachten
Emissionen und finanzieren damit Projekte in Entwicklungsländern,
die dort den Ausstoß von Klimagasen verringern helfen (www.
atmosfair.de). Auch die Mitarbeiter des DuMont Reiseverlags fliegen
mit atmosfair!

Abbildungsnachweis

Getty Images, München: S. 102/103 (EyeEm/Juan Garcia-Morales); 96 (Christophe Faugere); Umschlagklappe vorn, 74 (Gari Garaialde); 120/7, 120/8 (Heritage Images); 120/9 (Angel Manzano); 75 (Juan Manuel Serrano Arce)

iStock.com, Calgary (CA): S. 82 (BrasilNut1); 28 (photooiasson)

laif, Köln: S. 120/2 (Archivio GBB Contrasto); 8/9, 35, 44, 90 (Gonzalo Azumendi); 20, 66 (Jan-Peter Boening); Titelbild, Faltplan, 4 u., 14/15, 30, 31, 39, 57, 86 (Dietmar Denger); 95, 120/5 (Miquel Gonzalez); 94 (Monica Gumm); 104 (hemis.fr/Betrand Rieger); 22 o., 24 (hemis.fr/Anna Serrano); 7, 101 (Malte Jaeger); Umschlagklappe hinten, 92 (Gunnar Knechtel); 120/6 (Leemage/Leonardo Cendamo); 120/1 (Leemage/Opale/Helene Bamberger); 41 (Le Figaro Magazine/Franck Prignet); 72, 85 (Le Figaro Magazine/Arnaud Robin); 64 (REA/Nicolas Mollo); 50 (Redux/Ana Nance); 38 (Redux/VWPics/Sergi Reboredo)

MATO, Hamburg: S. 67 (Gianluca Santoni)

Mauritius Images, Mittenwald: S. 111 (age fotostock/Ainara Garcia Azpiazu); 42 (age fotostock/Iñaki Caperochipi); 4 o., 33, 49, 80, 89 (age fotostock/Javier Larrea); 77 (Alamy/James Kao); 98 (Alamy/Daryl Mulvihill); 51 (Alamy/Carmen Sedano); 63 (Alamy/Alex Segre); 47 (hemis.fr/Anna Serrano)

Mercado San Martín, San Sebastián (ES): S. 53, 54

picture-alliance, Frankfurt a. M.: S. 120/3 (EFE/Juan Herrero)

Julia Reichert, Söchtenau: S. 12/13, 16/17, 26, 27, 32, 59, 60, 68, 70/71, 78

Susanne Völler, Köln: S. 22 u., 45, 62, 69, 107, 108, 109, 112, 120/4

Zeichnungen S. 2, 11, 21, 29, 30, 39, 42, 52, 58: Gerald Konopik, Fürstenfeldbruck
Zeichnung S. 5: Antonia Selzer, Lörrach

Zitat aus Ernest Hemingway, Fiesta, deutsche Übersetzung von Annemarie Horschitz-Horst, © 1977 Rowohlt Verlag GmbH, Reinbek bei Hamburg

Kartografie
DuMont Reisekartografie, Fürstenfeldbruck
© DuMont Reiseverlag, Ostfildern

Umschlagfotos
Titelbild: Playa de la Zurriola
Umschlagklappe hinten: Altstadtgasse mit Blick auf die Iglesia de Santa María

Hinweis: Autorin und Verlag haben alle Informationen mit größtmöglicher Sorgfalt geprüft. Gleichwohl sind Fehler nicht vollständig auszuschließen. Alle Angaben erfolgen ohne Gewähr. Bitte schreiben Sie uns! Über Ihre Rückmeldung zum Buch und Verbesserungsvorschläge freuen sich Autorin und Verlag:
DuMont Reiseverlag, Postfach 3151, 73751 Ostfildern,
info@dumontreise.de, www.dumontreise.de

1. Auflage 2019
© DuMont Reiseverlag, Ostfildern
Alle Rechte vorbehalten
Autorin: Julia Reichert
Redaktion/Bildredaktion/Lektorat: Susanne Völler
Grafisches Konzept: Eggers+Diaper, Potsdam
Printed in China

Kennen Sie die?

Eduardo Chillida

Der in San Sebastián geborene Künstler (1994–2002) war einer der bekanntesten Bildhauer des 20. Jh. und ein ›echter‹ Donostiarra. Er hinterließ seiner Heimatstadt u. a. den berühmten »Windkamm« (▶ S. 68).

María Cristina

Erzherzogin Maria Christina von Österreich (1858–1929) regierte Spanien von 1885 bis 1902. Sie schätzte San Sebastián als Sommerfrische sehr. Die Stadt erwies ihr die Ehre, eine Brücke und ein Luxushotel nach ihr zu benennen.

Esther Ferrer

Die 1937 geborene Donostiarra ist eine der ersten spanischen Performance-Künstlerinnen – und nach wie vor eine der wichtigsten. Der Körper und seine Vergänglichkeit stehen im Zentrum ihres Schaffens.

Pintxo

Der Pintxo ist der baskische Bruder der spanischen Tapa – nur vielleicht noch spannender. Das mag Ansichtssache sein, Fakt ist aber sein ›Geburtsdatum‹: Er erblickte 1940 in der Casa Vallés (▶ S. 51) das schummrige Licht einer Kneipe.

Elena und Juan Marí Arzak

Die Baskin, die u. a. als beste Köchin der Welt ausgezeichnet wurde, leitet gemeinsam mit ihrem Vater das Drei-Sterne-Restaurant Arzak (▶ S. 87), das für seine experimentelle Küche bekannt ist.

Fernando Aramburu

Der 1959 in San Sebastián geborene Schriftsteller lebt schon seit 1985 in Deutschland, doch er blieb seiner Heimat stets treu. Einen großen Erfolg feierte er kürzlich mit seinem Buch »Patria«, das von der ETA-Zeit in San Sebastián erzählt.

Hl. Sebastian

Der hl. Sebastian war ein römischer Soldat und Märtyrer, der am 20. Januar wohl des Jahres 288 starb. Die Stadt richtet ihrem Namenspatron zu Ehren im Januar ein Fest aus.

Jorge Oteiza

Neben Chillida ist Oteiza (1908–2003) eine der Koryphäen der baskischen Bildhauerschule. Eine seiner Skulpturen, »Leere Konstruktion«, ziert den Paseo Nuevo.

Alberto Iglesias

Der 1955 in San Sebastián geborene Iglesias ist einer der erfolgreichsten Filmkomponisten Spaniens und arbeitet u. a. mit Pedro Almodóvar zusammen.